子育てと健康シリーズ 29

乳幼児の「かしこさ」とは何か

豊かな学びを育む保育・子育て

鈴木佐喜子
（東洋大学教授）

大月書店

乳幼児の「かしこさ」とは何か◆目次

3 「かしこさ」とは何か？
──私たちの「学習」観を問い直す

4 子どもの学びを育む保育実践
―ニュージーランドの「学びの物語」から学ぶ

●装丁・レイアウト――渡辺美知子　●カバーイラスト――オノビン

はじめに

いま、「頭がよくなる○○法」「頭がいい子を育てる」「脳を育てる」「脳力開発」を掲げた育児書や教育法、『プレジデントFamily』、『日経Kids＋』など受験や学力に焦点を当てた家庭教育誌が巷《ちまた》に溢《あふ》れています。また、ＯＥＣＤ（経済協力開発機構）のＰＩＳＡ（Programme for International Student Assessment：生徒の学習到達度調査）における日本の順位の低下をきっかけとした「学力低下論」、全国学力テストの実施、学習指導要領の見直しなど、子どもの「学力」に大きな関心が集まっています。改定された幼稚園教育要領や保育所保育指針における幼小連携《れんけい》の強調、認定こども園の広がりなど、学力への関心は乳幼児期にも及んでおり、保護者の学力への不安や関心も高くなっています。

他方、保育者は「生活が大切」、「あそびが大切」と考え、知的教育や「学び」に批判的あるいは消極的な傾向が強いと感じます。生活やあそびの大切さを否定するつもりはまったくありませんが、それでは保護者の不安に応えることはできません。「教育は幼稚園、託児は保育園」という枠組みを打ち破ることもできません。

そこで本書では、「かしこさ」とは何か、「乳幼児の学び」とは何かを考え、私たちの学習観を見つめ直すとともに、二一世紀を生きる子どもの育ちという観点から乳幼児期の学び・知的教育を考えていくことにします。とくに、「乳幼児期の知的教育・学び」についての私たちのイメージを考え直し、組み替えていくことの大切さを提起したいと考えています。知的教育＝文字・数の教育、ワークによる文字・数の学習ととらえる傾向が、それを推進する側にも批判する側にも見られるからです。

第1章では、なぜ、「乳幼児期の学び」「子どものかしこさ」を問い直すことが必要なのかを今日の保育・教育政策の動向、子どもの学力に対する親の不安の増大や子どもの育ちの現状から明らかにしました。第2章では、子どもの発達や「かしこさ」を「脳」と直結させる考え方と密接にかかわっている「脳ブーム」と早期教育を取り上げて、最新の脳科学の知見をもとに検討しています。第3章では、いま、私たちが考えている「かしこさ」や「学習」が何を意味しているのかを検討し、「学習」観の転換の必要性と方向性を明らかにしました。第4章では、世界の保育・幼児教育の動向、とくにニュージーランドの「学びの物語」の理論や保育実践を一つの手がかりとして、子どもの豊かな学びを育む保育実践の視点とプロセスを明らかにしようと試みました。

お読みいただき、みなさまの忌憚《きたん》のないご意見をいただければ幸いです。

1

なぜ、いま「乳幼児期の学び」が問われるのか

保育・幼児教育における「知的教育」への関心

いま、保育・幼児教育における「子どもの学び」や「知的教育」が重要な課題になっています。「乳幼児期の学び」が親の関心を集め、保育・教育における一つの政策的な課題、焦点となっているからです。そこで、「乳幼児期の学び」にかかわる保育・教育政策や今日の子どもをめぐる社会の状況を明らかにしたいと思います。

■子どもの学力に対する親の不安の増大

中学受験や学力をテーマとする子育て・家庭教育誌があい次いで創刊され、売れています。新聞記事によれば、『プレジデントFamily』（プレジデント社）は、ビジネス誌『プレジデント』別冊として、二〇〇五年一一月に第一号、二〇〇六年三月に第二号が出版されました。発行部数はそれぞれ二二万部と二五万部、ともに一時、品切れ状態となる人気で、その年の七月には月刊誌として本格創刊されました。現在では、『プレジデントFamily』の他に、『日経Kids＋［キッズプラス］』（日経ＢＰ社）、『AERA with Kids』（朝日新聞出版社）、『edu［エデュー］』（小学館）などが刊行され、『一〇歳までに決まる！　頭のいい子の育て方』（学習研究社）という隔月刊行のムックも出されています。

これらの雑誌には、特集「お金持ちになる新・学歴ガイド」（『プレジデントFamily』二〇〇八年五月号）、「四歳からでも間に合う 一日五分で天才脳を育てる」「〝お受験〟しなくてもやっておきたい小学校受験勉強の中身」（『日経Kids＋〔キッズプラス〕』、二〇〇九年一二月号）、「ダラダラ学習は、百害あって一利なし 学力アップの黄金ルールは復習九：予習一」（『edu〔エデュー〕』、二〇〇九年一二月号）、「名門塾の講師がズバリ教える！ 今からでも間に合う中高一貫ピンポイント対策」（『AERA with Kids』、二〇〇九年秋号）、「東大生が小学校時代にやったこと」「家庭でできる！ 超英才教育」「三歳から考える！ 中学受験合格の道」（『一〇歳までに決まる！ 頭のいい子の育て方』九号、二〇〇九年一〇月）などの記事が並んでいます。「漢字おもしろドリル」（『日経Kids＋〔キッズプラス〕』、二〇〇九年一二月号）、「小学校全学年対象東大脳ドリル さんすう編こくご編」（『一〇歳までに決まる！ 頭のいい子の育て方』九号、二〇〇九年一〇月）などの学習ドリルが付録としてついているものもあります。

また、少子化が続き、不況下にもかかわらず、二〇〇九年度の私立中学受験数は五万四〇〇〇人と過去最高であったと報じられています。こうしたマスコミや塾、教育産業の宣伝、激化する受験競争のなかで、子どもや保護者に「学力」志向や受験・進学・学力に対する不安が高まっています。九歳～一四歳の子どもと両親を対象とした調査によれば、子どもの「悩みや心配事」では「勉強や進学のこと」が四三・五％で、他の項目を大きく引き離して第一位となっています。中学生のみで見ると、「勉強や進学のこと」の割合は六一・二%、約六割にのぼり、一九九五年よりも大幅に増加しています（図1）。両親の「子供についての不安」も「進学や受験」が五二・一%で第一位、「勉強や成績」が四五%で第二位を占めています（図2。図1・図2ともに内閣府「低年齢少年の生活と意識に関する調査」二〇〇八年）。

また、小学三年生～中学三年生の子どもをもつ「母親の学力観・勉強観」を一九九八年、二〇〇二年、二〇〇七年と経年比較すると、「将来ふつうの生活に困らないくらいの学力があればいい」「どこかの大学・短期大学に入れる学力があればいい」「学校生活が楽しければ、成績にはこだわらない」「できるだけいい大学に入れるよう、成績を上げてほしい」「今は勉強することが一番大切だ」「いい学校に入れるには塾に通わせる必要がある」が増加しています（図3〈16ページ〉、Benesse教育研究開発センター「第三回子育て生活基本調査・小中版」、二〇〇七年九月）。

乳幼児をもつ親たちの間にも、「学力」に対する不安や関心が高まっています。幼児をもつ保護者へのアンケートでは、「知的教育を増やしてほしい」という要望が二〇〇〇年の三四・八%から二〇〇五年の四三・〇%へと一〇%近く増えています。とくに、幼稚園では三七・三%なのに対して、保育園では五六・一%と半数を超えています（Benesse教育研究開発センター「幼児の生活アンケート」二〇〇五年）。

いま、多くの親たちは、職場のなかの「成果主義」の浸透を実感し、「ワーキングプア」「格差社会」の厳しい現実を前にして、わが子が「負け組」になったら大

［図１］

問　あなたは、悩みや心配事がありますか。この中からいくつでも挙げてください。

（中学生だけに質問）

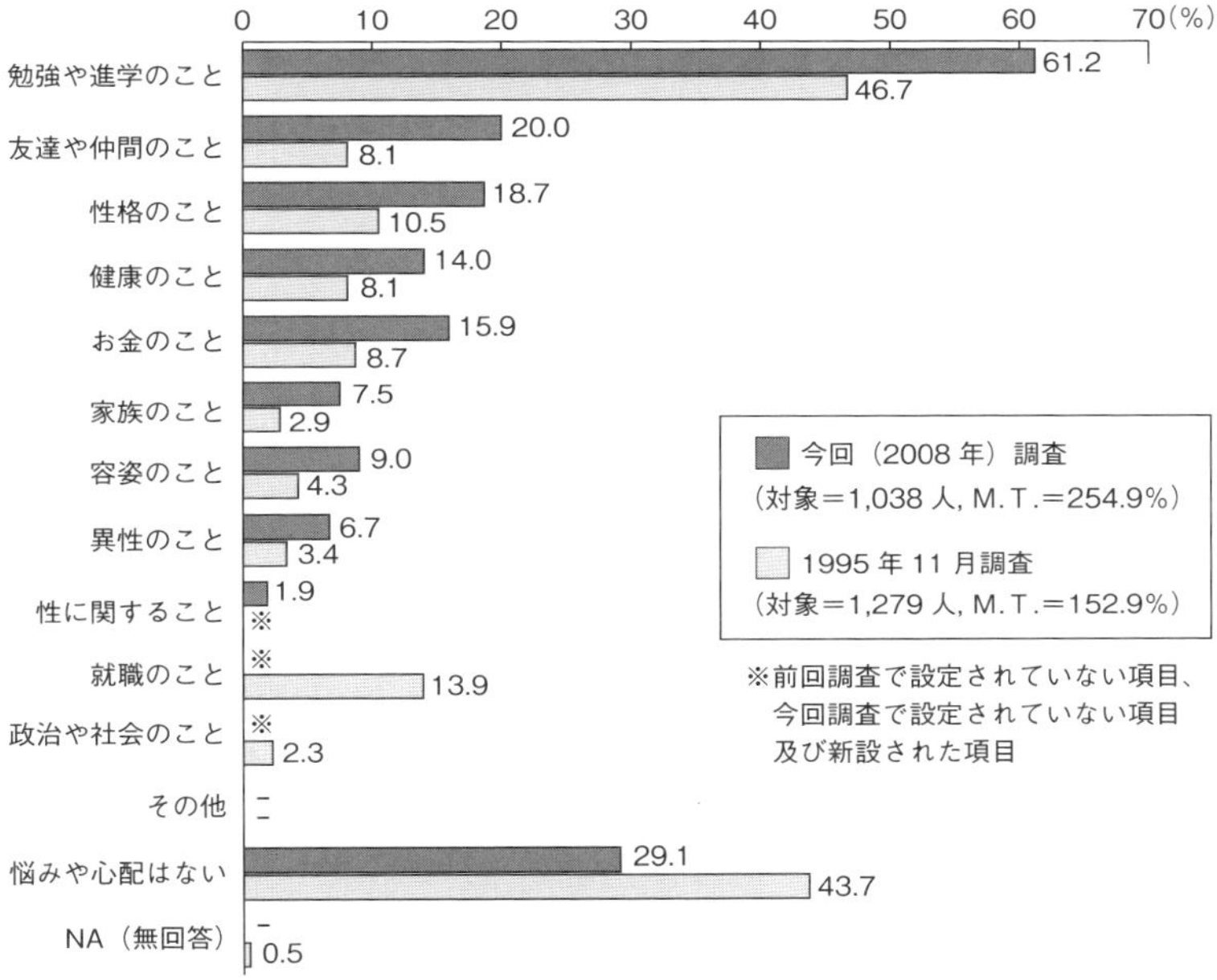

［図２］

問　あなたは、○○さんについて不安に思うことがありますか。（ア）から（キ）のそれぞれについて、１つずつお答えください。

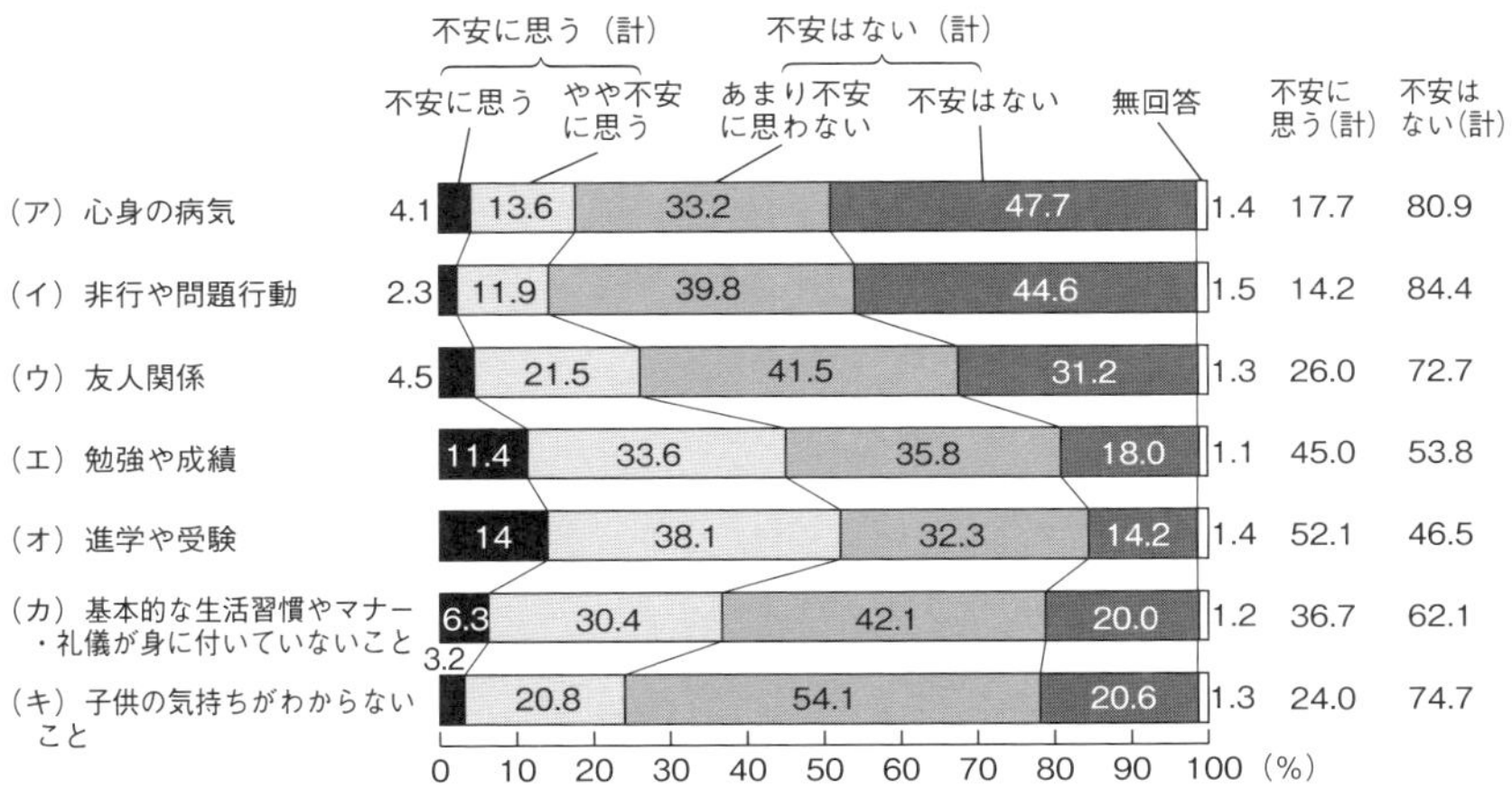

資料出所：図１・２ともに、内閣府「低年齢少年の生活と意識に関する調査」2008年、対象：2734人

[図3] 学力観・勉強観（経年比較）

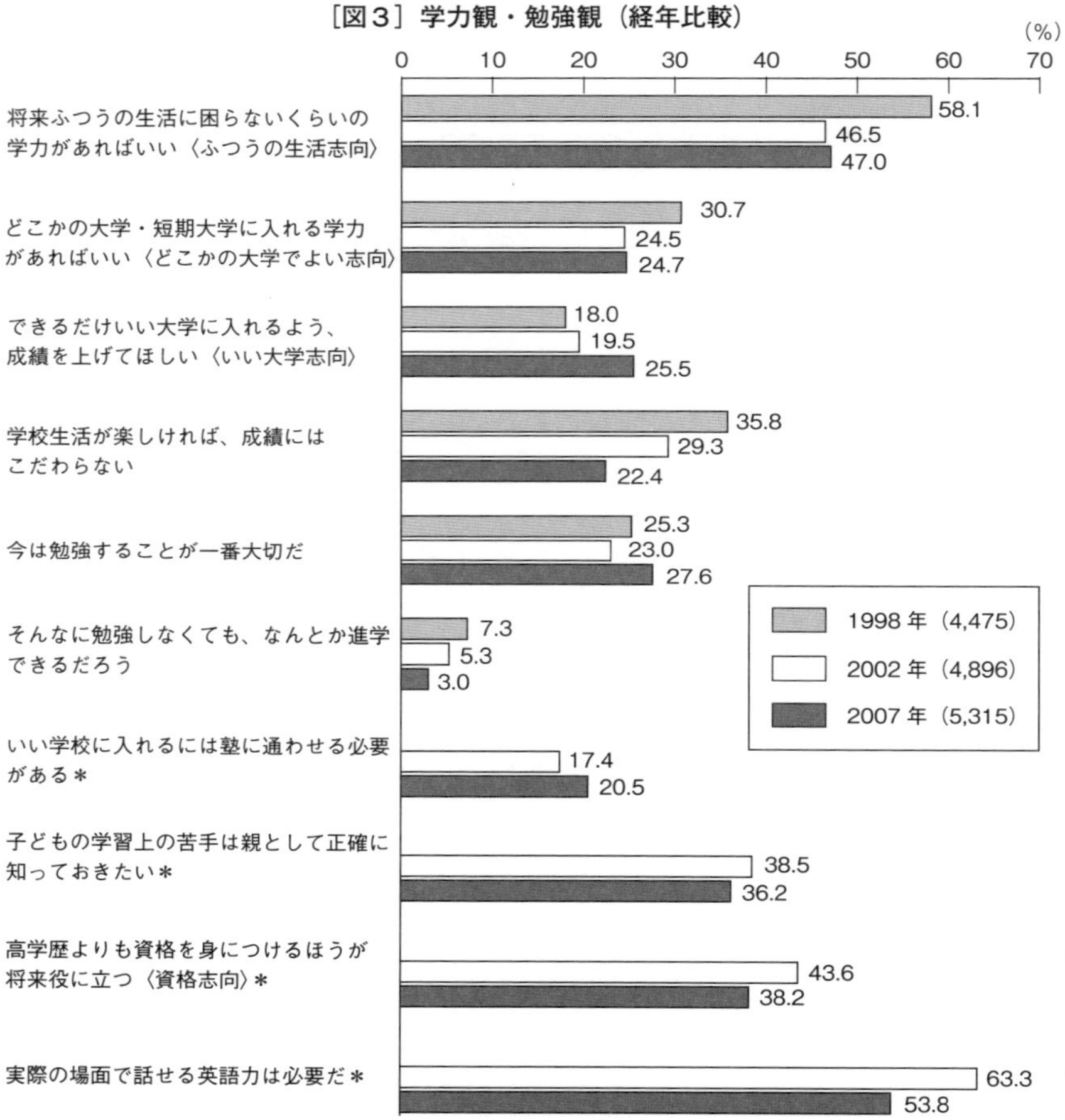

注1）複数回答。

注2）小3〜中3生の数値。

注3）＊は1998年調査では該当質問項目なし。

注4）（　）内はサンプル数。

資料出所：Benesse 教育研究開発センター「第3回子育て生活基本調査・小中版」2007年9月

変という不安を抱いています。そこに、先に紹介した雑誌や宣伝が、親の不安をいっそう、煽《あお》り立てているのですから、「わが子に残せるのは教育だけ」「生活に困らないようにできるだけいい教育を」「小さいときから将来困らないように、親としてできることはやってあげたい」と、子どもの「教育」に熱心になるのは、ある意味当然でしょう。後述するように、このことは、子どもの育ちや親子関係にさまざまな問題を引き起こす危険性があります。しかしだからこそ、「乳幼児期の学び」とはどのようなものなのか、乳幼児期に育てたい力とは何かを明らかにする必要があるのです。

■「学力」を重視し、競争を強める教育政策

こうした親たちの「学力」に対する関心や不安の増大の背景には、「学力」や競争を強める教育政策があります。

ＯＥＣＤ（経済協力開発機構）が実施したＰＩＳＡ（生徒の学習到達度調査）で、日本の順位が低下したことをきっかけとして「学力低下」論が高まりました。ＰＩＳＡは、世界の一五歳の子どもを対象として、三年ごとに実施されています。その調査（二〇〇〇年、二〇〇三年、二〇〇六年）で日本の順位が、リテラシー（読解力）八位→一四位→一五位、数学的リテラシー一位→六位→一〇位、科学的リテラシー二位→二位→六位と低下傾向を示したのです。

このＰＩＳＡにおける順位の低下をきっかけに「学力低下」を危惧《きぐ》する声が広がり、二〇〇七年、文部科学省は全国一斉学力テストの実施にふみきり（現在、抽出）、二〇〇八年には小中学校の学習指導要領が改訂されました。この改訂では、ＰＩＳＡの結果を受けて、知識・技能の習得と、思考力・判断力・表現力等の育成のバランスの重視、確かな学力を確立するために必要な授業時数の確保、学習意欲の向上や学習習慣の確立などが掲げられて、ゆとり教育の象徴的存在だった「総合的な学習の時間」の総授業時間を最大一五〇時間削減し、算数を一四二時間、数学を七〇時間、理科は小学校五五時間、中学校九五時間増やすなどの見直しがおこなわれました。こうして、ゆとり教育を見直し、授業時間数増による詰め込み教育と競争の激化が盛り込まれたのです。

また、この間、学校選択制の導入、中高一貫校の増設、公立高校の進学実績による序列化が進行し、競争システムのさらなる浸透がはかられています。

こうした教育政策によって、はたして子どもたちの「学力」を高めることができるのでしょうか。ＰＩＳＡの調査では、各国の順位だけでなく、その国の長所と短所を明らかにすることを重視しています。そのなかで、「日本の生徒は、科学的知識とスキルを記憶し、再現することには優れているが、科学的問題を特定し応用する課題で成績が下がる。これは重要な点で、知識やスキルの再現だけの学習は、過去の消えつつある人材育成を主におこなっているというリスクを冒していることになる」と指摘しています[1]。つまり、「学力」を高めるということは、ただ授業時間を増やし、詰め込み教育の強化をはかることで実現するものではないのです。確かに新しい学習指導要領はＰＩＳＡの結果をふまえて、「知識・技能」を「活用する」「思考力・判断力・表現力の育成」を掲げています。しかし、こうした力の育成は総合的な学習の授業時間の削減や総授業時間数の増加と両立するのでしょうか。また、教育界では「活用力」を掲げた教育書が数多く出版され、とりくみが広がっていますが、その多くはテストや受験に向けた「活用力」に矮小化《わいしょうか》されてしまっています。第３章、第４章で詳しく述べますが、いま、世界のなかで「学力」のとらえ方自体が大きく変化しており、「学力」のとらえ方そのものを問い直し、改革することが求められているのです。

■保育・幼児教育への関心が高まる背景

乳幼児期の保育・教育政策においても「学力」重視の流れを受けて、「知的教育」や「就学準備教育」が一つの焦点となっています。改訂された保育所保育指針では「保育所児童保育要録」の小学校への送付が定められ、小学校学習指導要領においても小学校と保育所との連携が新たに盛り込まれました。

また、文部科学省・今後の幼児教育の振興方策に関する研究会「幼児教育の無償化について（中間報告）」（二〇〇九年五月）は、「資源の乏しい我が国が将来にわたり持続的に発展していくためには、子どもがもつ大きな可能性への投資が極めて重要である。国際競争力の維持・強化の観点からも、社会経済に大きな影響を及ぼす幼児教育の無償化は、我が国にとって国家戦略上、喫緊の課題となっている」と述べ、幼稚園や保育所の三~五歳児を対象とした幼児教育の無償化を提言しています。

その背景には、イギリス、ニュージーランド、韓国などの先進諸国が保育・幼児教育を重視し、三歳・四歳、あるいは五歳の幼児教育の一部または全部を無償にする流れがあります。そのきっかけとなったのが、幼児教育の社会・経済・労働市場に対する効果や教育的効果に関する実証的研究です。その代表的な研究として広く知られているペリープリスクール研究は、質の高い幼児教育プログラムが就学への準備や学校でのよい成績だけでなく、高校卒業、四〇歳時点での年収の高さ、犯罪率低下につながるなど、その後の子どもの長期的な発達に大きな効果を持続的にもたらすことを明らかにしています(図4)。保育・幼児教育への投

［図4］プリスクールプログラムにおける40歳時点での主要な発見

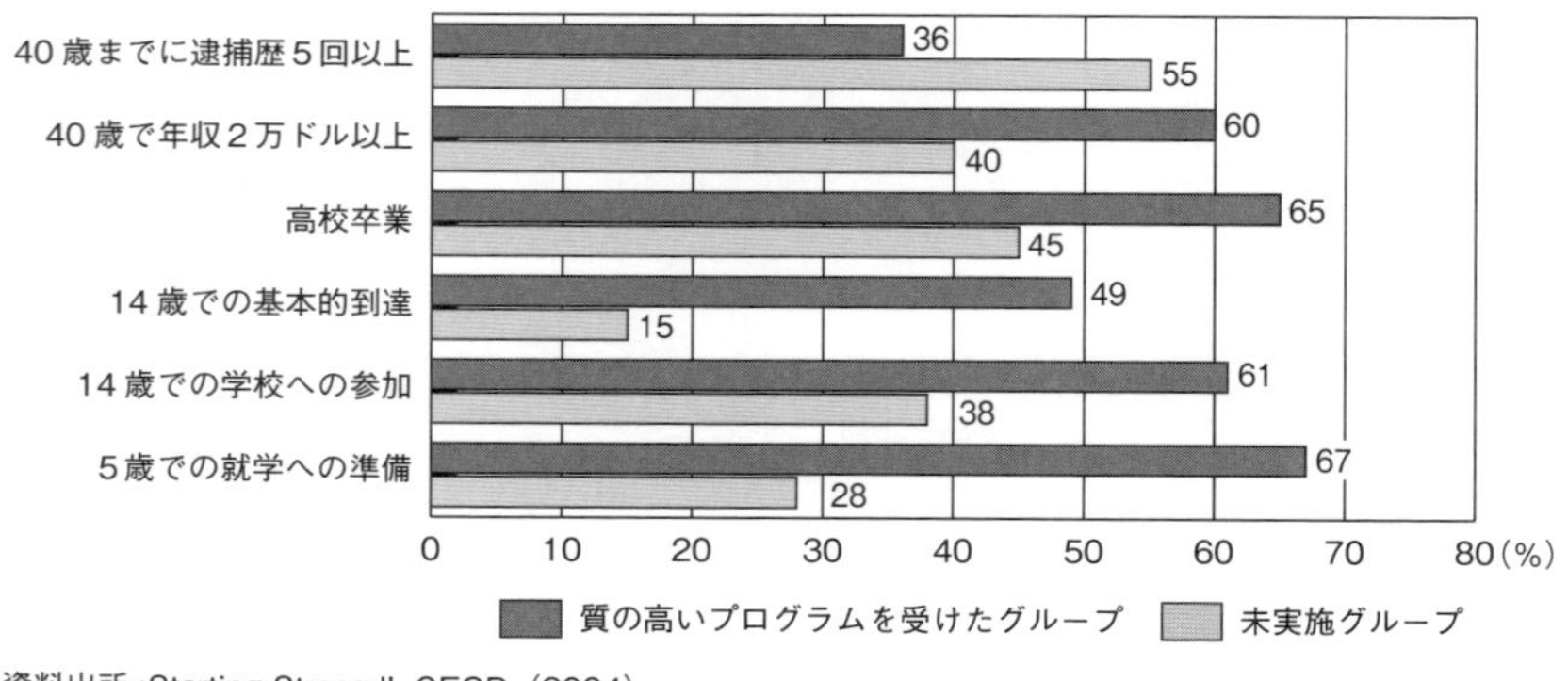

資料出所 :Starting Strong II, OECD (2004)
Schweinhart, L.and J.Montie (2004), "Significant Benefits: The High/Scop Perry, Preschool Study through Age 40",High/Scope Educational Research Foundation, World Bank

資が、子どもや家族だけでなく、社会全体にも大きな成果を長期的にもたらすことを明らかにした研究や世界の動向を見て、日本も遅ればせながら保育・幼児教育への関心を強めてきているのです。

国が保育・幼児教育の重要性を認めて無償化をはかっていこうとすることや幼稚園、保育所と学校との連携・交流を強めること自体は必要であり、意味のあることです。しかし、問題はその理念や内容にあります。保育・幼児教育が、「学力」の強化や競争システムのよりいっそうの浸透に向けたとりくみに結びつけられ、「就学準備教育」に対する幼稚園や保育所へのプレッシャーが強まる危険性があるからです。さらに、認定こども園の動きが広がるなかで、「教育は幼稚園、託児は保育園」という旧来型の考え方が再び強まる危険性も考えられます。

■保育における成果主義の強まり

実際、学校教育や保育の現場では、「教育・保育の成果」を達成し、自己評価、公表する方向が強められています。

学校では自己評価と結果の公表が求められるようになりましたが、文部科学省の委嘱《いしょく》研究には、「有効な学校運営」をおこなっている事例校として次のような公立小学校での自己評価のとりくみが紹介されています[(2)]。

たとえば、短期目標「基礎学力の基盤となる国語力を伸ばす」の評価項目「読書タイム・読書活動の充実（学年目標の設定）を図る。（目標達成児童六五％以上）」では、「（目標一年・五〇冊、二年・八〇冊、三年・一〇〇冊、四年・五〇〇〇頁、五、六年一〇〇〇〇頁）目標達成児童七三％……」。

短期目標「算数科（全学年）で、少人数指導及びT・Tを実施し、個に応じた指導を行う」の評価項目「……（数研式学力テスト〈NRT〉算数の偏差値を〇・一あげる）」では、「一四年度算数学力テスト偏差値……五三・六（全校平均）、一五年度五四・一（全国平均）、〇・五アップ……」。

「新体力テストの測定種目で県平均を上回る」で「県平均達成児童六八％」。

「生徒指導の徹底を図る」の「問題行動発生件数を年間一五件以内にする」では「万引き八件（一四年度二一件）」。

「校内、校外ともに挨拶《あいさつ》ができる児童を六五％以上にする」で「校内八四％、校外九〇％」。

この自己評価結果をもとに次年度はさらに課題を見出し、改善したり新規の評価項目を追加してとりくんでいくのです。教育評価の研究者として有名なエリオット・アイスナーは、「（教育の）目的と基準がより厳密なものになるにつれてどんどん増殖し、目的や基準を取り扱う教師の能力を無力にする」、「目的の数は少なく、その抽象のレベルは幅広くする必要がある」(3)と指摘しています。教育の質を高めるはずの自己評価が、アイスナーの指摘している〝教師の能力を無力にすること〟を促進しているように思えてなりません。

公立保育所の職員評価でも、「話を聞ける子どもを七〇％以上にする」など、学校評価に類した自己評価が浸透しており、幼稚園でも、学校評価の一環として自己評価が求められています。また、二〇〇八年に改訂された保育所保育指針では、「保育課程」や「自己評価」が盛り込まれ、厚生労働省『保育所における自己評価ガイドライン』が、ＰＤＣＡ〔計画（Plan）―実践（Do）―評価（Check）―改善（Action）〕の導入をくりかえし強調するなど、保育の計画的な実施とその自己評価が重視されるようになってきています。

教育学者の久冨善之さんは、学校教育における評価の位置づけの変容を、「教師や学校に任されていた『教育活動の反省的評価』に関して、その統制権・評価権が外部に確立し、『反省的自己評価』が外から強要され、公開が迫られて、それがチェックされて、さらにより上位の外部評価がそれにかぶさってくる」[4]と表現しています。新指針に「保育士等の自己評価」「保育所の自己評価」が明記されたことで、学校教育と同様の保育「評価」システムが確立されたと見るべきでしょう。

「自己評価」が園長や外部（第三者評価）の評価の一手段とされる場合、自分を守るために相手の意向に沿うような「自己評価」となり、自己評価そのものが空洞化し、保育をゆがめる危険性があります。欧米では、すでに保育・教育の目標を掲げてその成果をはかること、子どもの育ち・学力を測定して保育・教育の成果の指標とすることに対する問題が明らかにされています。

たとえば、『乳幼児国際事典』は、子どもの育ちについての「基準や達成を測定するテストは、しばしば適切な発達的期待から引き出されるよりはむしろ説明責任という目的のために外部的に課された」のであり、教師が幅広い保育・教育活動を軽視して、テストの特定の項目、とくに認知的なあるいは学校準備に子どもたちの学習活動を焦点化してしまう危険性があると指摘しています(5)。

保育者がこうした評価の基準や評価の結果に縛られて自由に保育が展開できなくなったり、求められる成果を意識し、保育の活動に偏《かたよ》りを生む危険性があるのです。保育の成果を焦《あせ》る保育者の保育へのとりくみや子どもへのかかわりは、子どもを追い詰めていく危険性もあります。保育者である佐々木美緒子さんは、「偏食をなくす、きちんとした食事のとり方をする等という食事指導の、目にみえる成果をあせるあまり、子どもがどんな気持ちで、どう味わって食べているのかをくみ取って関わることをなおざりにしていたことを思い知らされた(6)」と食事指導の苦い失敗を次のように綴っています。概要を紹介します。

あるとき、決まったテーブルの下にシイタケが落ちていることに気がつき、「誰が落としたのかしら」と子どもたちに聞いてみても、皆「私じゃないよ」「僕じゃない」としか言ってくれません。再びシイタケが落ちていたことに気づいて、とうとうたまりかねて、きらいなものをだまって落としたりしないでいってほしいと訴えます。しかし、自分がやったと申し出る子はいませんでした。そこで、保育者の後ろにまわって順番に握手し、落とした人はギュッと握ることを提案しました。ひとりずつ握手するたびにドキドキ、そして何人目かにギュッと強く握られるのを感じたとき、「ああよかった、これでうそをつかせないですんだ」とホッとするとともに、ギュッとにぎった汗ばんだ手が、いままで一度も好き嫌いをいったことがなかった、よっちゃんの手だと気づいて愕然《がくぜん》としたのです。本当のことをいえないようにしていたのは私たちだったのではないか、たかがシイタケひとつに、よっちゃんがどれだけ幼い心を痛めていたことか、そこまで子どもを追い詰めていた私たちの保育のしかた、子どもとのかかわりを見つめ直さざるをえませんでした。

保育者には、子どもの育ちを守る責務があり、保育という営みは、子どもの学び・育ちがどうであるかということ抜きには検証できません。したがって、子どもの育ちを軸に保育実践を振りかえることは、とても大切なことです。しかし、目に見える「保育の成果」というプレッシャーが強まれば、この事例のように、追い詰められる子どもたちが増えていくのではないでしょうか。こうした点で、子どもの育ちを大切にする「保育評価」のあり方を明らかにすることがいま、求められていると考えます。

いまの子どもたちの育ちの現状

多くの親たちが子どもの学力や受験に大きな関心を寄せ、習い事や塾に通わせ、ワークをさせるなどのとりくみをしている現状について述べてきました。では、子どもたちはどうなのでしょうか。子どもたちの視点やいまの子どもの育ちの現状からも「子どもの学び」や「知的教育」を考えていく必要があるでしょう。子どもたち、あるいは若者たちの姿は、子どもたちにとっての教育や学力の現実を映し出し、「教育って何?」「学力って何?」ということを私たちに問いかけていると考えるからです。

■パニックを起こす子ども、傷つきやすい子ども

いま、保育現場では、絵が描けない、お弁当を食べきれないなど、何かができなかったり注意や指摘を受けたときにパニックを起こして泣き叫び、すねたりふてくされてしまう子どもたちがいます。

こうした子どもたちに対して、特別扱いされて育った結果、プライドが高く、少しでも自分の価値が認められないと傷つくという説や、いまの子どもは大事に甘やかされて育っているので、わがままで欲求不満に対する耐性がなく、傷つきやすく、

すぐに「キレる」という説があります。こうした見方に対して、カウンセリングを専門とする高垣忠一郎《たかがきちゅういちろう》さんは、次のように述べて、批判しています。

「いまの子どもたちは競争社会の『よい子』でないと見捨てるぞというシステムとそれを受けた教育や子育てのなかで『勉強のできないダメな子』『おとなしいダメな子』というふうに追い立てられています。部分的な特徴によって『ダメな子』と丸ごと全体を否定されるような評価の眼差《まなざ》しをシャワーのように浴びて育ってきています。その結果、おびえやすくなっており、部分を否定されただけで丸ごと否定されたように感じて傷つくのです[7]」。

ちょっとしたことでパニックを起こしたり、ふてくされてしまう子どもは、「よい子」「できる子」という評価の眼差しにさらされ、丸ごとの自分を受け入れてもらえているという手応えと安心を感じさせてもらえなかった子どもであるというのです。この指摘は、たとえパニックを起こさなくとも、失敗や間違うことを極度に恐れたり、勝ち負けにこだわり、負けることは恥ずかしいことだと思っている子どもたちの姿とも重なります。

■生き悩む子どもたち

不登校、引きこもり、自殺、リストカットなど、いま、多くの子どもたち、若者たちが自分の居場所や生き方を見出せずに悩みや困難を抱えています。こうした子ども・若者の生きづらさの背景には、ワーキング・プアなど非正規雇用の問題や長時間過密労働の問題、貧困と格差の広がり、世界に名だたる消費文化社会の進展、監視・管理の強化と自己責任の強調など、さまざまな問題があります。

写真家でエッセイストの藤原新也さんは、子どもたちの多くが「いま」を否定され続ける宿命にあると指摘しています。学校に行かなくなった少女が、「おかあさんのがんばりなさいという口癖に疲れた」と言ったことに端的に表れているように、がんばりなさいという言葉に絶えず背中を押され、母親が望むその場所に行ってみると、ふたたびそこには〝ガンバレ〟という言葉が待っているのです。「がんばりなさいというかけ声とともにMの〝いま〟は延々と否定され続けるのだ。あらゆる生き物が〝いま〟という時間にしか存在できないものであるとき、〝いま〟を否定され続ける彼女は〝わたし〟という存在を永遠に認知されないということになる(8)」と藤原さんは述べています。

秋葉原の無差別殺傷事件をはじめとする殺人事件を犯した若者や自殺未遂をくりかえす若者のなかに、自分の存在を見出せず、誰からも見捨てられたという思いを抱いている場合が少なくありません。藤原さんの指摘のように、「ガンバレ」という言葉や子どもへの期待が、子どもの「いまのままの自分」を否定し、子どもがその期待に応えられなくなったとき、子どもは「ダメな存在」として見捨てられることになると感じているのではないでしょうか。子どもや若者たちは、いまのままの自分でいても「大丈夫」と認められ、安心できる居場所や世界を求めているといえましょう。こうした子どもたちの願いに耳を傾け、子どもたちが安心できる居場所や世界を築いていくには、どのような社会、教育や子育てが求められているのかが問われているのです。

■「何のために勉強するの？」という子どもたちの問い

いま、わが国の子どもたちの間には、中学・高校生の「学校知識離れ」と指摘されるように、学校で勉強すればするほど学習をしなくなるという傾向が広がっています。

日本教育学会課題研究の調査データをもとに久冨善之さんがまとめた結果（図5）を見てみましょう。平日に家庭学習をする時間を学年別に見ると、「ほとんどしない」が、小学生では三年生二七・五％、六年生二七・八％と三割弱であるのに対して、中学二年生では六一・八％、高校二年生では七七・九％と八割近くになっています。家庭での学習時間に塾や予備校などを加えた各人の学校外学習時間の平均を見ても、中学二年生で

［図5］ 4学年別の家庭学習時間5分類

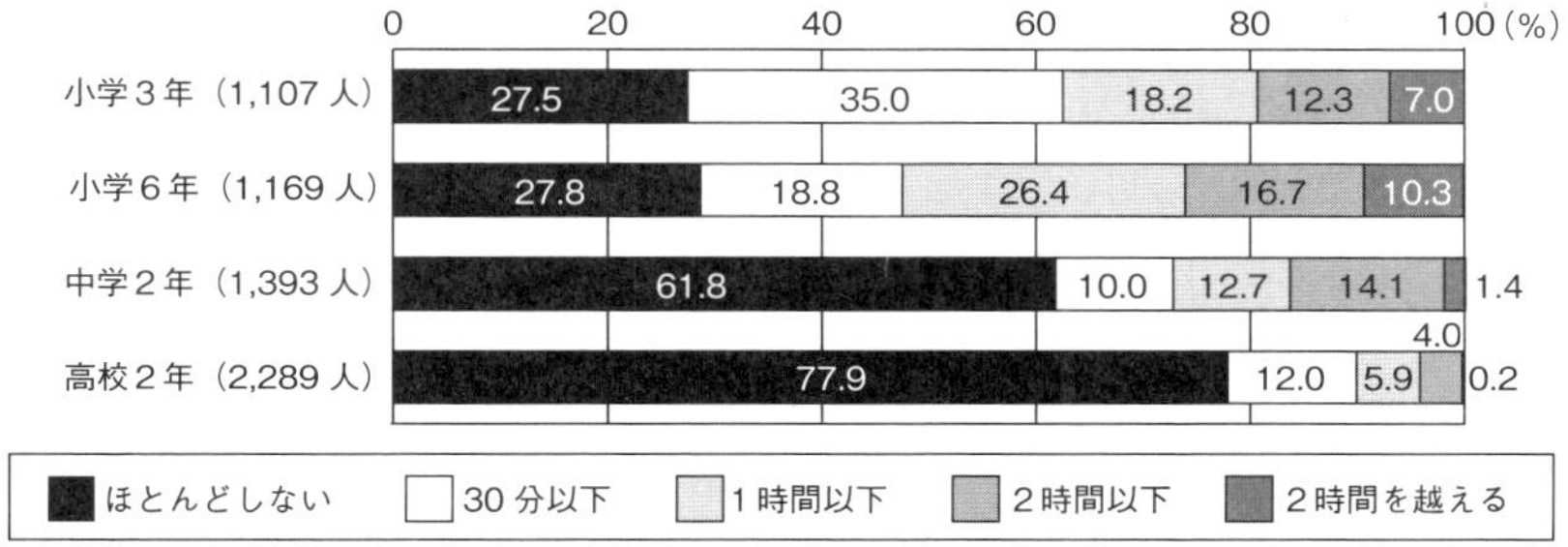

資料出所：久冨善之・田中孝彦編著『希望をつむぐ学力』明石書店、2005年、148頁
「現代教育改革の下での子ども・若者、その成長・生活・意識・集団形成」（2005年）をもとに久冨善之さん作成

一時間弱、高校二年生では二三分で、小学六年生よりも減少しています（表1）。

また、「学校の勉強はつまらない」に「そう感じる」が、小学生では三割台ですが、中学二年七二・二%、高校二年七八・七%と急増しています（表2）。算数・数学の国際比較調査を見ても、「数学の勉強は楽しい」に対して「強くそう思う」と答えた中学二年生は、他国と比べて極めて少なく、反対に「そう思わない」および「まったくそう思わない」生徒が非常に多く、増加傾向にあります（表3）。

さらに、先の教育学会の調査は学校の知識の意味づけを「しっかりした仕事ができる大人になる」「毎日の生活で役立つ」などの〈学校知識の社会的有用性・成分〉、「新しいものの見方や考え方が身につく」「知りたいことが学べる」〈学校知識の内在的意味・成分〉、「テストでよい成績を取る」〈学校知識のテスト指向性・成分〉の三つの成分に分類し、学習時間との関連を調べています。その結果、「テスト指向」に意味を見出している子ども・若者が実際に学習に向かう傾向が見られず、「社会的有用性」や「知識内在的意味」を見出している中学・高校生のほうが、実際に学習に向かっているという関連が見出されたのです。

久冨善之さんは、こうした結果をふまえて、中学・高校生の半数以上に勉強をしない傾向が広がっているが、知識そのもののおもしろさやそれが生活や将来の仕事に役立つという見通しが、学習への自主的行動を促していることと合わせて考えると、多くの子どもたちが学校知識にふさわしい意味を求め、そのような実感を得た

［表１］ ４学年別学校外平均学習時間（分）

	小学３年	小学６年	中学２年	高校２年
家庭学習時間	45.6	61.1	30.8	20.5
塾なども含む学校外学習時間	51.3	83.7	53.7	22.8

［表２］ 学校知識の受け取りの回答比率（抜粋）（%）

	小学３年	小学６年	中学２年	高校２年
（学校生活体験項目）学校の勉強はつまらない →「そう感じる」の比率	31.0	39.4	72.2	78.7
（授業体験項目）［13項から３つに○］ 授業は「たいくつな時間」→「○」の比率	8.0	17.2	30.7	37.9
（学校知識の意味）［12項目にいくつでも○］「特に意味を感じない」→「○」の比率	4.6	6.6	7.4	14.7

資料出所：久冨善之・田中孝彦編著『希望をつむぐ学力』明石書店、2005年、150頁
「現代教育改革の下での子ども・若者、その成長・生活・意識・集団形成」（2005年）をもとに久冨善之さん作成

［表３］「数学の勉強は楽しい」の変化（中学校２年）

国／地域	「強くそう思う」と答えた生徒の割合			「そう思う」と答えた生徒の割合			「そう思わない」及び「まったくそう思わない」と答えた生徒の割合		
	2003年	1999年	1995年	2003年	1999年	1995年	2003年	1999年	1995年
シンガポール	33	28▲	25▲	42	52▼	53▼	25	20▲	22▲
ニュージーランド	23	20▲	20▲	38	53▼	54▼	39	27▲	26▲
アメリカ	22	22	20▲	38	47▼	50▼	40	31▲	30▲
オーストラリア	18	—	13▲	39	—	52▼	42	—	35▲
ロシア	17	16	14▲	38	41▼	40	45	43	46
スウェーデン	15	—	17	51	—	57▼	34	—	26▲
香港	15	19▼	15	45	50▼	50▼	41	31▲	35▲
台湾	13	16▼	—	29	42▼	—	58	42▲	—
韓国	9	5▲	8	34	27▲	33	57	68▼	59
日本	9	6▲	5▲	30	33▼	41▼	61	61	54▲
国際平均値	29	25▲	17▲	36	44▼	46▼	35	31▲	37▼

▲ 2003年のほうが1999年（または1995年）よりも統計的に有意に高い国／地域
▼ 2003年のほうが1999年（または1995年）よりも統計的に有意に低い国／地域
注：「—」はデータがないことを示す。
資料出所：久冨善之・田中孝彦編著『希望をつむぐ学力』明石書店、2005年、132頁
国立教育政策研究所編『算数・数学教育の国際比較——国際数学・理科教育動向調査の2003年調査報告書』（ぎょうせい、2005年）をもとに田中耕治さん作成

いと思っているのではないかと指摘しています。(9) 多くの子どもたちが「何のためにこんな勉強をするのか？」と問い、その意味を実感したいと思っているのです。

このようにわが国の教育は、子ども・若者の健やかな成長・発達に必ずしもつながっておらず、また学習を深め豊かにすること、子どものなかに学習の喜びや意味を育み発展させることに成功しているとはいえない現状があるのです。

■知的教育の充実を望む保護者の声に向きあうために

以前、保育者と一緒にとりくんだ調査で、保護者に「子どもを保育園に預けてよかったこと」を自由記述で尋ねたときに驚いたことがあります。「安心して仕事ができる」という回答よりも、「思い切りあそべる」「のびのびしている」「友だちができる」「集団生活で社会性が広がる」「自立心が育つ」など、「子どもの育ちにとってよかった」という回答が多く、回答の半数近く（回答数九一六のうち、四三一）もあったからです（東社協保母の会「親の生活・仕事の実態と保育園への要望」調査、一九九九年）。

このように、子どもの成長と生活を保障する保育園に対する保護者の信頼は高く、今日では保育園や幼稚園は子どもの育ちにとってかけがえのない場となっていることは確かでしょう。同時に先に述べたように、「知的教育を充実してほしい」という保護者の要望が増加し、保育園でも非常に多くなっています。他方、保育者のなかには早期教育やワークブックで字や数を教えることへの批判から、子どもの育ちにとって「生活」や「あそび」が重要であることを強調する傾向もあると感じます。極端にいえば、「生活」「あそび」を強調し、教育を批判・否定する傾向があるのではないでしょうか。子どもの学びや知的教育に対して警戒的で、保育のなかで積極的にとりくみ、十分に議論し、その成果を明らかにしてきたとはいえない状況があると思います。生活やあそびの意味を否定するつもりはまったくありませんが、保育のなかで、子どもたちがどのように学び、知的な力をも育んでいることを明らかにするという点では、十分ではなかったのではないかと考えます。

しかしこれまで明らかにしてきたように、保育・幼児教育政策において、「教育」を重視する流れが強まっています。そして、「学力」への不安が広がり、保育・幼児教育でも知的教育の充実を望む保護者の声が高まっているなかで、「教育よりも生活」が大事、と生活を強調しているだけでは、保護者の不安や批判には応えられず、保護者の理解は得られないでしょう。とくに保育園においては、「知的教育」は不十分であるとの認識が保護者に広がっているなかでは、再び強まってきている「教育は幼稚園、託児は保育園」という枠組みを打ち破ることはできません。文字・数や知的な教育は家庭まかせ、というのでは、早期教育、ワークブックでの練習やいま現在の学校的な、あるいは受験的な学力観をそのまま放置することにもつながってしまいます。

いまのままの自分でいても「大丈夫」と認められ、安心できる居場所や世界を求めている子ども・若者の育ちの現状は、私たちに保育・教育や子育てのあり方を問い直すことを求めています。そして、学年が上がれば上がるほど、教育を受ければ受けるほど学習時間が短くなるという現状は、私たちに「何のためにこんな勉強をするのか?」と、その意味や教育の内容を子ども・若者が問いかけているといってよいでしょう。

乳幼児期に何を育んでいくことが大切なのか、私たち自身が保育・幼児教育のなかでの子どもの学び、知的教育というとらえ方を吟味《ぎんみ》し、いまの子どもにふさわしい内容につくりかえ、その内容を保護者に積極的に提起していくことが求められているのです。この課題は、社会全体の課題で、保育・幼児教育だけで解決できるものではありませんが、乳幼児期の子どもの育ちにかかわる保育者の社会的な責任であると考えます。保育の自己評価、保育の成果を求める傾向が強まっているなかであるからこそ、子どもを軸とした、豊かな学びを育む保育のあり方を提示していくことが重要なのです。

■注

(1) OECD「PISA二〇〇六年調査・第一回結果発表」、二〇〇七年一二月四日、東京

(2) 学校運営改善調査研究会(代表・加治佐哲也)『学校運営の改善に向けた教員等の研修の

在り方に関する調査研究』、二〇〇五年

(3) Elliot W. Eisner, Those who ignore the past...:12 'easy' lessons for the next millennium, Journal of Curriculum Stadies, 2000, Vol.32, No.2, pp.343-357

(4) 久冨善之「評価はなぜ特権化するのか」、『教育』二〇〇五年一〇月号、国土社、二〇〜二一頁

(5) S. New Rebecca and Monicrieff Cochran Early Childhood Education-An International Encyclopedia, 2007, Praeger, p.34. および OECD Starting Strong Early Childhood Education And Care, OECD01, pp. 68-70.

(6) 佐々木美緒子「苦い失敗をみつめ直すなかで見えてきたもの」、『現代と保育』二〇号、一九八八年、五八〜六四頁

(7) 高垣忠一郎『心の浮き輪のさがし方—子ども再生の心理学—』、柏書房、一九九九年、五九〜六一頁

(8) 藤原新也『渋谷』、東京書籍、二〇〇六年、二二三頁

(9) 久冨善之「学力問題の社会的性格—子ども・若者たちは学校知識のレリバンス回復を求めている」、久冨善之・田中孝彦編著『希望をつむぐ学力』、明石書店、二〇〇五年、一四八〜一五四頁

2

脳科学と乳幼児期の学習

「脳ブーム」と保育・子育て

■なぜ、「脳ブーム」が起こったのか

「どのような子育てが脳の発達にとってよいのか」「脳を育てる離乳食はどんなものか」といったかつては聞かれなかった質問が小児科医に寄せられるようになってきたといわれます。(1)「私は、ゆとり教育には反対です。それでは子どもの脳がダメになってしまう。……我が子には、自分がいいと思うものをさせたい」と、早期教育に意欲をみせる母親（一歳九カ月の女児）の事例も報告されています。(2)

また、後述するように、『ゲーム脳の恐怖』は多くの保育・教育関係者に支持されました。「脳ブーム」あるいは「脳科学ブーム」と呼ばれる現象は、子育てや保育・教育にもおよび、子どもの発達を「脳」と直結して考える傾向が広がっています。「頭のよさ」は、「脳」でとらえられるようになっているともいえましょう。しかも、メディアを通じて広がる「脳」に関する情報には、誤ったものが少なくありません。そこで、脳科学にかかわる専門家の知見をもとに、脳科学とはどのようなもので、「脳ブーム」のなかで広がる情報にはどのような問題があるのかを紹介して考えていきたいと思います。

脳科学という言葉が使われるようになったのは、一九九〇年代ごろといわれます。

神経科学の研究の進展とともに、機能的磁気共鳴画像装置（fMRI）、ポジトロン断層法（PET）、脳磁場計測（MEG）、光トポグラフィー法などの「脳機能イメージング」の著しい発展が、今日の脳科学の進展や「脳ブーム」につながっています。脳機能イメージングとは、「脳の活動を、検査されている人に苦痛や麻酔などの侵襲《しんしゅう》を与えず可視化する方法」です。これらの脳機能画像装置によって、「かつては動物実験でしか研究することのできなかった、実際に働いている脳内部の活動のようすを、時々刻々と（リアルタイムに）見ることが可能になった」のです。(3)

脳研究者・坂井克之さんは、「脳ブーム」の要因として、①脳画像技術の進歩により脳の働きがリアルに具象化されたことが一般の人々に対して強い説得力をもち、脳科学をポピュラーなものにした、②認知症対策、過熱する競争的教育環境、「ひきこもり」や自殺など、現代社会の抱える心の問題の現状を脳科学が解決してくれるのではないかという期待が、脳科学を檜《ひのき》舞台に押し上げた、③脳研究の分野において「研究成果の積極的発信」が求められるようになった、という三つを指摘しています。(4)

しかし、メディアに登場する「脳科学にもとづいた」（とされる）主張が、実際の脳研究の考えを反映したものではなく、むしろ非科学的な誤った情報が氾濫していることに多くの脳科学にかかわる専門家が危機感を強めています。子育てや早期教育も例外ではありません。そこで、多くの専門家がその非科学性を指摘し、批判している「脳トレ」と「ゲーム脳」を取り上げて、何が問題であるのかを明らかにしていきます。

■「前頭葉機能が改善する」「脳トレ」の非科学性

「脳ブーム」の中心的役割を果たしたのが、「脳トレ」、つまり「脳トレーニング」です。坂井克之さんによれば、「脳を鍛える大人のDSトレーニング」は発売以来八〇〇万本を超え、『脳を鍛える大人の計算ドリル』や『脳を鍛える大人の音読ドリル』もベストセラーとなって二〇〇六年の新語・流行語大賞トップテンを受賞しました。(5) 今日では、「脳を鍛える」「脳が活性化する」ことをうたった「脳トレ」商品がこの他にも数多く出されています。その多くは高齢者や大人向けですが、「右脳を鍛える」「前頭葉《ぜんとうよう》を活性化させる」という考え方は、早期教育や知育教材など、子育てにも浸透しています。

「脳トレ」を提唱している川島隆太さんの主張は、およそ次のようなものです。かんたんな計算問題を解いているときや音読をしているときに、脳は右脳も左脳も多くの場所で活性化していることが光トポグラフィーなどの「脳機能イメージング」装置でわかってきました。小学生に二分間のかんたんな音読、計算後に明示した言葉を何語覚えることができるかという単語記憶を測定したところ、記憶力が二割以上アップ（平均八・三語から音読後一〇・一語、計算後九・八語）し、健康な成人に計算問題を毎日一〇〇問解いてもらい、記憶力を調べると、一カ月後の記憶力が平均一二・二語から一三・七語に向上した、というのです。

さらに、七〇歳以上の健康な高齢者六二名に音読や計算の自宅学習を一日合計一五分間毎日おこなったところ、半年後、学習をおこなわなかった人たち（対象群）では、前頭葉機能（ＦＡＢ検査）に変化がありませんでしたが、学習をおこなった人たち（学習群）では、前頭葉機能が改善していました。一二名のアルツハイマー型認知症患者に、音読と国語学習、算数学習をそれぞれ一日一〇分ずつ週に二〜五日おこない、認知機能・前頭葉機能（ＦＡＢ検査）を調べたところ、学習をおこなわなかった人たち（対象群）では、認知機能・前頭葉機能ともに低下しましたが、学習をおこなった人たち（学習群）では、認知機能低下の防止と前頭葉機能の改善に成功しました。

こうした結果から、「音読と計算を中心とする教材を用いた学習を、学習者と指導者がコミュニケーションをとりながら行うことにより、学習者の認知機能やコミュニケーション能力、身辺自立機能などの前頭前野《ぜんとうぜんや》機能の（維持・）改善をはかる」「学習療法」を提起する一方、一般向けの各種教材を多数刊行しているのです。[6]

脳科学にかかわる多くの専門家が共通して指摘する「脳トレ」の問題点は、次の二つに集約できるでしょう。

一つは、「脳血流が増加すると脳機能が向上する」とはいえず、ここには論理的な飛躍があるという点です。脳機能イメージング法を用いた研究において「活性化した」ことは、神経細胞が活動した結果、脳の血流が増加したことを意味しているだけで、それ以外の結論は導き出せない、というのです。

英語の熟達度が高い人ほど、英文法の処理にかかわる前頭葉領域における活動領域が小さくなるなど、学習に習熟すると脳の活性部位が減少することが多くの研究によって明らかにされています。したがって、「『簡単な計算を速く解くこと』も習熟するにつれて前頭葉の活動部位は小さくなっていくかも知れ」ず、「脳の広範囲で血流が増加＝脳が鍛えられる」という論とは矛盾します。(7) むしろ血流が増加するのは、「非熟練者が行う無駄の多い運動といったほうが実態に近いのではないか」(8)との指摘もあります。

もう一つは、「脳トレ」の研究手続き・方法の問題です。科学的な実験をおこなう際には、実験をおこなった人たち（実験群）と比較対象した人たち（対象群）とを、実験以外の点では条件を同一にしなければなりません。しかし「脳トレ」は、そうではありませんでした。計算・音読のトレーニングをした人たちは、スタッフが横について計算・音読の間違いをただしたり、助言を与えるなど、スタッフとの交流をもつことができましたが、比較対象した人たちは、こうしたスタッフとの交流をもつことができなかったのです。小児科医の榊原洋一さんは、アルツハイマー病の患者において会話やスタッフとの接触が、活動性や生活機能に大きな影響を及ぼすことがすでに報告されており、音読・計算をおこなったグループの差は、厳密には、音読・計算をおこなった際のスタッフとの会話やその他の交流、スタッフからのアドバイスや元気づけの有無も大きな差であった可能性を否定できないと指摘しています[9]。

以上のように、「脳を鍛える」ことをうたった「脳トレ」は、科学的根拠に乏しいものなのです。効果が疑わしいにもかかわらず、「ボケの防止や改善、記憶力アップ」につながるとして、高齢者や子どもにトレーニングをさせることには、多くの問題があるといえましょう。

■「前頭葉機能が低下する」「ゲーム脳」の非科学性

他方、森昭雄著『ゲーム脳の恐怖』[10]は、脳波測定による「科学的な」実験結果をもとに、テレビゲームが「前頭葉機能の低下」をもたらすと主張しています。その概要は、次のようなものです。認知症患者（著書では「痴呆者」）は前頭野の働きが低下しており、独自に開発した簡易脳波計測計で測定すると、β波《ベータは》が低下し、認知症の重い人はβ波とα波《アルファは》が重なってしまいます。同じ機器を用いてテレビゲームの影響を調べたところ、ゲームをする者にも同様の傾向が見られました。ゲームをすると被験者のβ波が激減し、ゲームをやめるともとの状態に回復したり、長期間ゲームをおこなっている人ではゲームをやっていないときでもβ波の比率が低いままだった、つまり、認知症患者と同じパターンを示したというのです。さらに、β波の変化によって、テレビゲームをしても脳波にほとんど変化のない「ノーマル脳人間」、β波が一気に減少する「ビジュアル脳人間」、β波がα波のレベルまで低下している「半ゲーム脳人間」、β波がα波レベルよりも完全に下になってしまっている「ゲーム脳人間」の四つのタイプに分類しました。そして、「ゲーム脳人間」は、「視覚系神経回路が強烈に働き、前頭前野の細胞が一気に働かなくなる」ために、「前頭前野の脳活動が消失したといっても過言ではないほど低下」し、「活動停止状態」になってしまうというのです。そして、「ゲーム脳人間」はキレたり、集中力が低下し、ひいては学校を休みがちになってしまうと主張しているのです。

「ゲーム脳」の実験結果は、学術専門誌に発表されたものではなく（榊原さんによれば本人が会長を務める学会の雑誌に公表された一件のみ）、専門学会ではほとんど受け入れられておらず、むしろ批判的な意見が多いといわれます。それは、科学的な手続きを欠き、その論理に飛躍があるからです。主な問題点を榊原さんの見解をもとに紹介しましょう(11)。

一つは、「ノーマル脳人間」「ビジュアル脳人間」「半ゲーム脳人間」「ゲーム脳人間」という四つの分類が、森さんの印象でしかなく、科学的根拠を欠いたものであることです。類型別の個人の性格や特徴を示すときには、統計的な判別に耐えるだけの人数を調べ、有意差があったかどうかを明示する必要がありますが、これらの手続きは一切とられていないのです。したがって、「ゲーム脳人間」のパターンを示す人が、本当にキレやすく、集中力がないかどうかは明らかではありません。

二つめは、β波の比率の解釈の問題です。「β波の低いこと＝前頭前野の機能の低いこと」ととらえ、森さんは「ゲーム脳人間の前頭前野は活動休止状態」とまでいいきっています。しかし、もし「前頭前野は活動休止状態」であれば、現在自分がおこなっている活動についての数分間の記憶をとどめておく「ワーキングメモリー」が機能していないことになり、会話はもちろん日常生活をおくることは不可能な状態になってしまいます。もちろん「ゲーム脳」と判定された大学生がそうでないことは明らかです。したがって、「脳科学を標榜する本の中の表現としては非科学的と言わざるを得ない」というのです。また、β波は目をつぶることで大幅に減少しますが、だからといって前頭前野の機能はまったく変化を受けません。このように、β波の減少＝前頭前野の機能の低下とはいえないというのです。

以上のように、『ゲーム脳の恐怖』の実験や主張には数多くの問題があり、科学的根拠を欠いていることは明らかです。それにもかかわらず、多くの保育者や教育関係者に受け入れられました。早期教育の「右脳を活性化する」という主張に懐疑的な目を向ける教育者や保育者が、集中力や激情の抑制に関連した「前頭前野の機能が活動していない」という「ゲーム脳」の主張を受け入れたのです。坂井克之さんは、「脳科学風な主張を一般の人が受け入れるのは、そのデータに対する信頼性や論理的整合性によって決まるのではなく、その主張が自らの考え、感じ方に一致しているかどうかで決まってしまう」のであり、「科学風な説明に対する盲目の信頼がある」[12]と指摘しています。

「脳ブーム」は、著者やメディアの発信の仕方の問題、さらには書籍・商品を発売する企業の側の問題が大きいことは確かです。同時に、「科学風な説明」というだけで信じてしまう私たちの受けとめ方の問題も考える必要があるでしょう。そして、「脳」によいということで奨励され、反対に「脳」に悪いからと問題視されるように、「脳」と直結させて保育や子育て、子どもの発達を考える傾向自体を考え直す必要があるでしょう。

脳科学が検証する早期教育の根拠

ＯＥＣＤ教育研究開発センター（ＣＥＲＩ）は、一九九九年より国際プログラム「学習科学と脳研究」を開始しています。二〇〇〇年、二〇〇一年には、「脳メカニズムと幼年期学習」、「脳メカニズムと青年期学習」、「脳メカニズムと老年期学習」という三つの国際フォーラムが開催され、現在では約三〇の国際研究チームが研究をおこなっています。また、わが国でも二〇〇二年（平成一四年）、文部科学省が「脳科学と教育」研究に関する検討会を発足させています。脳科学の進展に伴い、脳科学と教育とのかかわりがクローズアップされ、自然科学と人文・社会科学の複数の領域の知見を統合・融合して新しい領域をつくり出す動きが生まれてきているのです。

そのなかでは、早期教育を推奨する根拠とされる見解も取り上げられ、脳科学の最新の知見と照らし合わせて検証されています。「三歳まで」あるいは「一歳まで」の早期教育の重要性・必要性の根拠とされる主要な見解は、次の三つです。第一に、乳児期に脳が発達し、細胞間の結合（シナプス）の数が飛躍的に増加すること、第二に、「その時期を逃してしまうと学習が困難になる」「臨界期」があること、第三に、「多くの刺激を与える」ような、「豊かな環境」にいるほうが、脳内の結合（シナプス）がより多くつくられる、の三つです。OECD教育研究革新センター（CERI）編著『脳を育む―学習と教育の科学』[13]、S・J・ブレイクモア／U・フリス著『脳の学習力』[14]をもとに、検証された知見の要点を紹介しましょう。

■乳児期の脳におけるシナプス形成の意味

早期教育の主張の根拠とされるのが、脳の発達、とくに乳児期初期における脳の発達です。脳内の神経細胞（ニューロン）は、他の神経細胞と結合して「シナプス」と呼ばれる部分を介して刺激（情報）を伝達し合います。生後間もない時期から、脳はシナプスを形成しはじめ、生後二カ月ごろより急激に増加し、一〇カ月ごろに最大となります。その後、あまり使われないシナプスが除去される「刈り込み」と呼ばれる過程を経て、シナプスの数は徐々に減少し、一〇歳くらいで成人レベルの密度に安定します(15)。

こうしたシナプスの形成と刈り込みが乳児期初期におこなわれ、シナプス密度が乳児期初期に急激に増加することが、早期教育の一つの根拠とされ、「脳の発達が著しい一歳までが早期教育に最適の時期」であり、この時期に「一生の脳の働きが決まる」などと主張されています。

さらに、早期教育の主張の根拠とされた研究が、豊かな環境に置かれた子どものラットのシナプス密度が増加することを明らかにしたウィリアム・グリーノウの実験です。他のラットも一緒に入れたり、探索するさまざまな物体が存在する複雑な環境におかれたラットは、単純で一匹だけ隔離された環境におかれた対照群のラットよりもシナプス密度を増加させ、迷路学習課題をより速くよりよく実行できた、というものです(16)。幼少時の「豊かな」環境が脳のシナプス密度を増加させ、学習課題をよりよく実行することができたというこの実験から、「シナプスが多ければ、よりよい学習が可能になる」、「早期教育によって新しいシナプスがつくられ、優れた知能と学習能力につながる」といった主張がなされるようになったのです。

こうした早期教育の主張に対して、ＯＥＣＤ教育研究革新センター（ＣＥＲＩ）は、ラットの研究結果と同じことが人間にいえるかは証明されておらず、「人間の幼いときのシナプス密度と学習能力の向上」の関連性についての神経科学的証拠はあまりないと結論づけています。シナプス密度と学習能力、人間の幼いときのシナプス密度と成長してからのシナプス密度との関連性は、いずれも科学的な証拠が得られていないのです[17]。

ただし、シナプス形成について一つつけ加えておくと、行為の計画、反応の選択と抑制、情動のコントロール、意思決定をつかさどる前頭葉では、シナプスの発生はかなり遅れて起こり、ニューロンは思春期の終わりごろまで発達し続け、シナプス密度が大人のレベルに達するのは早くても一八歳ごろであると指摘されています[18]。さらに重要なことは、乳児期のシナプス形成がもつ意味です。シナプスの形成とシナプスの刈り込みの時期に、よく使われる結合は強化され、あまり使われない結合は取り除かれます。これは、庭で植物が育ち過ぎてしまったときにおこなわれる剪《せん》定《てい》にたとえられます[19]。生まれて間もない時期にシナプスを余計につくっておくことは、一見「非効率的」とも思えますが、一種の「保証」、代用品やスペアのような重要な意味をもっていると小児科医の小西行郎さんは、指摘しています。あらかじめシナプスを多めにつくっておき、脳に何らかの障害が起きたときにまだ使われていないシナプスを活用することができるからです。また、仮説の段階ですが、ADHD（注意欠陥多動性障害）の原因の一つは、シナプスの刈り込みがうまくいかなかったことによるものではないかという研究もあり、単純にシナプスの数が多ければよいというものではないとも指摘しています[20]。

このように、生後間もない時期にシナプスが多めにつくられることにも、その後シナプスの刈り込みによってシナプスの数が減少することにも、それぞれ重要な意味があり、シナプスの数が多ければよいというものでもダメというものでもないということを理解しておきたいと思います。

■「三歳まで」を逃したら学習は手遅れか?

①「臨界期」から「敏感期」「感受期」へ

「臨界期」は、「生物学的出来事の時間枠を逃してしまったら機会が失われること[21]」、あるいは「ある行動の学習が成り立たなくなる限界の時期[22]」を意味する用語です。しかし、現在では、「臨界期」がきっちり固定されており、この時期を逃したら手遅れになるということではないと考えられるようになり、「習得することはできるが、より難しくなる[23]」ことを意味する「感受期」あるいは「敏感期」という用語がより適切であるとされています。

「臨界期」の根拠とされる代表的な研究は、生まれたばかりの子猫の片眼を遮蔽《しゃへい》し、数週間そのままにしておくと、遮蔽された目は目に映ったものが何であるかを認識する機能が失われていた、という実験です。

その後、片眼を交互に遮蔽する、両眼を遮蔽する、あるいは片眼・両眼遮蔽実験を「感受期前」「感受期」「感受期後」におこなうなどの実験が積み重ねられました。そのなかで、「臨界期はその期間にたくさんの刺激を与えれば機能が増し、与えないと機能低下が起こるといった単純なものではな」く、「臨界期に与えられる刺激が量的に少なくても、……何の障害も起こらないこともあるし、いったん視力低下が起こっても、その後の刺激の与え方によっては回復することがある[24]」ことがわかってきたのです。このように「臨界期」が厳密に固定的なものでなく、「その時期を逃したら手遅れになる」という決定的な時期ではないことが明らかになり、「臨界期」という呼び方は誤解を招くとして、「敏感期」「感受期」が使われるようになっています。

②「敏感期」「感受期」の意味

乳児の言語や視覚の「敏感期」「感受期」に関連する興味深い研究があります。一つは、スウェーデン、アメリカ、日本の乳児を対象として、音韻《おんいん》の違いを乳児がどの程度認識できるかを調べた研究です。生後直後には、三カ国すべての乳児が「L」と「R」を聞き分けることができましたが、生後六カ月になると日本の乳児にだけ、「L」と「R」を区別できない子が多かったというのです[25]。

もう一つは、乳児が個々の顔を識別する能力を調べた研究です。生後六カ月までの乳児は、ヒトだけでなく大人にとってはよく似ていて見分けがつかないようなサルの顔も一匹ずつ区別することができました。しかし、六カ月を過ぎるとヒトの顔

では微妙な違いも識別できるのに、サルの顔は「サル」とひとまとまりでしか認識できなくなったのです。(26)

日本語環境では乳児は「L」と「R」を聞き分ける必要がありません。また、サルの顔を識別できなくても生活に支障がありません。このように生きていくうえで必要のない能力は消失していく、というのです。

そして、使わない、必要度の低い能力が消失していくことは、重要な刺激を早く処理するために必要なことだと考えられています。認知神経科学の研究者であるブレイクモアとフリスは次のように指摘しています。「すべてのこと、あらゆることが起きると予期しておくことは無意味なのである。余計な刺激を処理してスピードが落ちてしまい、さらにエラーも起こりやすくなるからだ。……われわれ人間は、新しいことを学習する能力には限界がある、という事実から逃れられないから、資源を節約しなければならないのだ。つまり、新しいことを学習するとは、重要な事象に関わる神経結合は開き、重要でなく妨害や混乱のもとにしかならない無駄なものは閉じる、ということなのだ(27)」。

また、これまで紹介してきた視覚など、感覚技能の発達は脳の発達において詳細に研究されている唯一の側面であり、「字を読むことや算数のような、文化的に伝承された知識体系の発達に関しても敏感期があるのか(28)」についてはわかっていないと述べられていることもおさえておく必要があるでしょう。

「敏感期」「感受期」とは、「生物が環境に適応するために脳が柔らかい状態で生まれ、それぞれの環境に合わせて生きていけるように脳の機能をつくり替え、それを定着させる」という意味をもっているのです。つまり、「環境に合わせて生きていける」ことが重要なのであり、「算数や英語といった知能を強化することのみに与えられた能力」ではないことをおさえておく必要があります[29]。

③脳の可塑性《かそせい》と生涯学習

これまで見てきたように、乳児期のシナプスの形成・刈り込みと結びつけて、乳児の脳だけが可塑的（変化しやすいもの）であるとする主張があります。また、年をとるにつれ脳は衰える一方であると、一般には信じられてきました。しかし、これらの見解が正確ではないことが、最新の脳科学の知見によって明らかにされつつあります。脳は、乳児期だけでなく、青年期、成人期においても発達を続け、脳は一生を通じて学習によって変化していく、というのです。

たとえば、ＯＥＣＤ教育研究革新センター（ＣＥＲＩ）における青年期や老年期の脳のメカニズムと学習に関する研究のなかで、脳部位で新しい神経細胞が一生を通じて生成されることが発見され、脳の可塑性、つまり「体験によって脳の神経回路が変わる性質」が一生涯保持されることがわかってきたことを明らかにしています。そして、「脳が学習体験に反応し、生涯を通じて著しい変化を示す」ことが研究者の間に知られてきており、「環境的要求に反応する脳の可塑性または柔軟性は、生涯学習にとって励みになる知見であり、研究者が成人の脳でのシナプス形成の役割についてより理解するうえでの指針となってきている[30]」と指摘しています。

また、ブレイクモアらも、最近の脳の研究は、脳とくに前頭葉では長期にわたって脳の発達が続くことを明らかにしており、「青年期以降も脳の変化は続く[31]」と指摘しています。

このように、生後二〜三年に脳の「臨界期」があり、その後は脳の発達が起こらない、あるいは、脳はその後は衰えるばかりであるという従来の考え方は正確ではなく、大きく塗り替えられつつあるのです。

最近の研究では、乳児期のシナプス形成と生涯を通じて複雑な環境に触れることに関連するシナプス形成を区別して考えるようになってきています。たとえば、文法に精通するためには幼少期が最適なようですが、語彙《ごい》の学習は一生続きます。研究者は、前者を「体験予期型」、後者を「体験依存型」と呼んでいます。「体験予期型」が、「種のすべての成員にとってほぼ同じである不変の環境入力に、決定的に左右されるような特性」であり、「人生早期に作用する」のに対して、「体験依存型」は、「体験の差異によって機能に差異が引き起こされるような特性」であり、「生涯を通じて持続する可能性がある」と考えているのです。そして、「体験予期型が全人類の発達を特徴づけ」、「体験依存型可塑性は、健康な脳の自然な状態であり、それによって私たちは高齢に至るまで学習することができると確信している[32]」と結論づけています。

■「できるだけ多くの刺激を与えること」は必要か？
―「豊かな環境」が意味すること

最後に、早期教育などでしばしばいわれる、「子どもは小さいうちは刺激にあふれた環境を与えることが大切である」ということを研究をもとに検証していきます。「乳児期にたくさんの刺激を与えることが大切」「幼少期の環境が豊かだと、脳の発達が促進される」といった考え方を支持するものとしてさかんに引用されたのが、「乳児期のシナプス形成」で取り上げたグリーノウの研究です。他のラットを一緒に入れたり、探索するさまざまな物体が存在する「豊かな環境」におかれたラットは、シナプス密度が増加し、単純で隔離された環境におかれた対照群のラットよりも迷路学習の課題をより速くよりよく実行できた、という研究から、「豊かな環境」＝「できるだけ多くの刺激を与える」ことが大切であるという主張が導き出されたのです。

しかし、グリーノウの研究から早期教育のようなできるだけ多くの刺激を与えるという結論を導き出すことには、問題があります。

刺激の乏しい隔離された環境にラットをおくことは、通常ありえず、人工的で現実的ではありません。他方、「野生のラットは、刺激の豊かな環境（配水管や水辺など）で自然に生活しており、おそらく生き残るために必要なだけのシナプスの数を持っている」と考えられます。つまり、この実験でいわれる「豊かな環境」とは、野生のラットの生活する環境に似たものだったというのです[33]。

したがって、グリーノウの研究から導きだせる結論とは、「余分なまでの刺激によってシナプスの結合が増加するのではなく、『ふつう』の環境であれば、刺激の少ない環境よりもシナプス結合を十分にたくさん形成できる[34]」と理解したほうが正しいというのです。

以上のように、貧しい環境、刺激の乏しい環境が子どもの脳の発達によくないことは確かですが、脳科学が早期教育の影響について結論を出す段階には至っていません。単語カードやビデオなど視聴覚に訴える材料を使った早期教育が脳の発育にとって有益だという証拠も、必ず悪い影響が出るという証拠もまだないのです。ただ、ブレイクモアらは、ビタミン摂取が最低レベル以上であることは重要ですが、過剰に摂取すると有害になるという、もう一つの限界値があることも考えられる、という例をあげて、「過ぎたるはおよばざるが如《ごと》し」というように、豊かすぎることも脳にとっては必ずしもよくないかもしれないと指摘しています。「脳の発育にも過剰な刺激というものがあると考えられる」からです。こうした「やり過ぎ」でどのような影響が出るか、ということは、まだわかっておらず、「教育問題について脳科学研究が出す答えは、実践に転用するまでに気長に注意深く検討することが必要[35]」なのです。

■注

（1）榊原洋一『「脳科学」の壁―脳機能イメージングで何がわかったか―』、講談社＋α新書、二〇〇九年、三頁
（2）小西行郎『早期教育と脳』、光文社新書、二〇〇四年、一三頁
（3）榊原洋一前掲書（二〇〇九）、五六頁
（4）坂井克之『脳科学の真実―脳研究者は何を考えているか』、河出ブックス、二〇〇九年、九～一一頁
（5）坂井克之前掲書、一八頁
（6）川島隆太『脳を鍛える大人の計算ドリル2』、くもん出版、二〇〇四年、三～五頁。藤田一郎『脳ブームの迷信』、飛鳥新書、二〇〇九年、榊原洋一前掲書（二〇〇九）参照。
（7）藤田一郎前掲書、二五～二六頁
（8）榊原洋一前掲書（二〇〇九）、一三二頁
（9）榊原洋一前掲書（二〇〇九）、一一四～一一五頁
（10）森昭雄『ゲーム脳の恐怖』、生活人新書、二〇〇二年、二〇～二二頁、七二～一〇〇頁
（11）榊原洋一前掲書（二〇〇九）、五三～五五頁
（12）坂井克之前掲書、四八頁
（13）ＯＥＣＤ教育研究革新センター（ＣＥＲＩ）編著『脳を育む―学習と教育の科学』、小泉英明監修、小山麻紀訳、明石書店、二〇〇五年

(14) S・J・ブレイクモア／U・フリス『脳の学習力―子育てと教育へのアドバイス』、乾敏郎・山下博志・吉田千里訳、岩波書店、二〇〇六年
(15) S・J・ブレイクモア他前掲書、三四頁、三六頁
(16) OECD教育研究革新センター（CERI）前掲書、九一～九二頁。グリーノウの実験の詳細については、榊原洋一『子どもの脳の発達臨界期・敏感期―早期教育で知能は大きく伸びるのか？―』、講談社＋α新書、二〇〇四年、九三～九四頁参照。正確には、グリーノウは、「後頭部の皮質神経細胞の樹状突起の枝分かれの数」を調べた。
(17) OECD教育研究革新センター（CERI）前掲書、九二頁
(18) S・J・ブレイクモア他前掲書、三六頁
(19) S・J・ブレイクモア他前掲書、三三頁
(20) 小西行郎『赤ちゃんと脳科学』、集英社新書、二〇〇三年、一一七～一一八頁、一七頁
(21) OECD教育研究革新センター（CERI）前掲書、一〇五頁
(22) 小西行郎前掲書（二〇〇四）、一四頁
(23) OECD教育研究革新センター（CERI）前掲書、一〇五頁
(24) 榊原洋一前掲書（二〇〇四）、一二九～一三〇頁
(25) 小西行郎前掲書（二〇〇四）、二三～二四頁
(26) S・J・ブレイクモア他前掲書、四一頁、小西行郎前掲書（二〇〇四）、二三頁
(27) S・J・ブレイクモア他前掲書、四五～四六頁
(28) S・J・ブレイクモア他前掲書、四六頁
(29) 小西行郎前掲書（二〇〇四）、二四～二五頁
(30) OECD教育研究革新センター（CERI）前掲書、一三三頁、八〇頁
(31) S・J・ブレイクモア他前掲書、一七七～一七八頁

(32) ＯＥＣＤ教育研究革新センター（ＣＥＲＩ）前掲書、八五～八六頁、一二八頁、八〇頁
(33) ＯＥＣＤ教育研究革新センター（ＣＥＲＩ）前掲書、一〇五頁
(34) Ｓ・Ｊ・ブレイクモア他前掲書、五〇頁
(35) Ｓ・Ｊ・ブレイクモア他前掲書、五三～五四頁

3

「かしこさ」とは何か？

―私たちの「学習」観を問い直す

ここでは、「かしこさ」とは何か？　「学び」とは何か？　を考えていきたいと思います。これまで述べてきたように、いまの社会では、「かしこさ」や「頭のよさ」が求められ、「学力志向」や学力への不安がいっそう強まる一方で、学校で勉強すればするほど勉強をしなくなる傾向や「勉強は楽しくない」と考える傾向が広がっています。また、評価の眼差《まなざ》しに傷つき、自分の居場所を見出せずに苦しむ子ども・若者が少なくありません。このことは、社会のなかの、あるいは私たちが抱いている「かしこさ」や「学力」「学習」のとらえ方が、子どもたちの豊かな「学び」や「育ち」につながっていないことを意味しているのではないでしょうか？

まず、私たちが抱いている「学力」「学習」がどのような意味で見直されなければいけないのかについて述べていくことにします。

「かしこさ」とは何か？

■テストの得点が高いこと、難しい問題が解けることが「かしこい」ことか？

私たちが考える「かしこさ」とはどのようなことをさしているのでしょうか？テレビのクイズ番組で「かしこい」人として登場するのは、たいてい東京大学、京都大学など有名国立大学・私立大学の卒業生で、難しい漢字の読み書きができ、算数・数学や理科・地理・歴史などの教科の難しい問題や中学受験の入試問題をスラスラと短時間に解ける人が多いようです。しかし私たちが日常生活のなかでまったく使うことのない難しい漢字の読み書きができることや難しい問題が解けることにどれだけの意味があるでしょうか？「知識をひけらかす」ため、ただ頭のよさを自慢するためのものであっては意味がないでしょう。こうした知識、スキルは、私たちの日常生活から遊離したものである場合が多く、しかも、これらの知識やスキルは、あくまでもテストの問題作成者によって与えられた問題を解く、相手の意向に沿って求められる答えを導き出す、という受動的なものです。ただテストで高い得点を取ることが自己目的化してしまっているのです。

　教育人間学などを専門とする汐見《しおみ》稔幸《としゆき》さんは、私たちの抱いている「かしこさ」のとらえ方として、①「そんなことを知っているんだ、すごい！　かしこい！」など、たくさんの知識をもっていること、②「頭がよいこと」、つまり情報処理能力が高く、ものごとを早く処理できること、の二つをあげています。そして、私たちの「かしこさ」のイメージのなかには、「頭がよい」という根強いものがあり、それが反応の速さや要領のよさと結びつけられて、たいへん偏った「かしこさ」をつくり上げていると指摘しています。[1]知識やスキルを獲得するプロセスやそれらをもっていることの意味を抜きにして、知識の多いことや速く処理できること＝「かしこさ」とするのには、問題があるといえましょう。あとで詳しく述べますが、知識やスキルが子どもの世界を豊かに広げていくことにつながっていき、その意味を実感できることが大切なのです。

■他の子どもたちよりも早期にできることが「かしこい」ことか？

「乳児で漢字が読める」「小学生で大学入試問題を解くことができる」など、子どもが通常よりも早くできることも、「かしこさ」の一つの指標とされています。

「頭がよい」ことの証としてしばしば持ち出されるのが、知能指数（Intelligence Quotient：ＩＱ）でしょう。知能検査が、知能、人間の能力の一部を測定しているに過ぎないこと、文化や環境の影響があることなど、さまざまな問題点や限界が指摘されています。また、幼少児では体調や感情などによって結果の変動が大きいことも指摘されています。知能テストは、発達に遅れのある子どもに対する診断のために開発されたものです。あらかじめ特定年齢の子どもたちの五〇％から七五％が正答できるテスト項目を作成し、この標準値との比較において、個々の子どもの精神発達水準（精神年齢）を求めます。五歳の子どもが四歳用のテスト項目までしか合格しなければ発達に遅れがあり、六歳用のテスト項目まで合格すれば進みがあると判定されます。知能指数は、下の式のように、その子どもの精神年齢を生活暦年齢で割った値を一〇〇倍したものです。

したがって、従来のＩＱでは、同じテスト成績の子どもでも、年齢の高い子どもよりも小さい子どもの知能指数のほうが高くなります。最近では、同年齢集団内の

$$\mathrm{IQ} = \frac{\text{精神年齢（月）}}{\text{生活（暦）年齢（月）}} \times 100$$

位置を基準とした標準得点としての偏差知能指数（Deviation IQ：ＤＩＱ）が普及し、従来のＩＱが用いられることは少なくなっていますが、ＤＩＱでも同年齢集団のなかでの位置を示すもので、あくまでも相対的な指標なのです。(2)

以上のことをふまえて考えると、知能指数が高いということは、「頭がよい」ことを示しているというよりも「早熟である」こと、あるいは「早期に訓練された結果」を示しているとも考えられるのです。

多くの人はわが子を「天才児」に育てようとまでは通常、思いませんが、それでも小学校で困らないように水泳や英語を早くから教えるというように、「早く」を求める傾向は少なからずあるのではないでしょうか。格差が拡大し、教育や子育てに競争が広がり、親の自己責任が厳しく問われる社会のなかで、「何もしなければ子どもの将来が保障できない」、「フリーターやニートになってしまう」「わが子だけが取り残されてしまう」という不安を感じているからでしょう。

■「かしこくなって詐欺師《さぎし》になる」？
―「学力」と「人間らしく生きる力」の分裂

わが子が「かしこくなる」ことは望んでも、「一生懸命勉強して一流の大学を出て、一流の研究者になって、大量の殺人兵器を作るのに良心の痛みを感じない」人間になることを望んではいないでしょう。保育研究者の清水益實さんは、「人間として生きる力」＝能力の発達と「人間らしく生きる力」とが結びつかないとこうした人間を生んでしまう危険性があると指摘しています(3)。

ライブドア事件や「オレオレ詐欺」をはじめとするさまざまな事件に見られるように、「かしこさ」が人をだますことや金儲けに使われることが、昨今なんと多いことでしょう。つまり、「かしこさ」や「学力」が、「人間らしく生きる力」、自分や他の人々の幸福につながっていないという問題があるのです。

秋葉原無差別殺傷事件の被害者が被告に手紙を出したことを報じた新聞記事のタイトルに、「こんな君がなぜ　丁寧な字・文章書けるのに」とありました。被告から謝罪の手紙を受け取った被害者の元タクシー運転手が被告に出した手紙には、「手紙の字を見ると丁寧で、読みやすく、文章もわかりやすく書かれていて、こんな手紙を書ける人間がなぜ、こんなに重大な事件を実行してしまったのか。なぜ、思いとどまってくれなかったのか。この事件の不幸は亡くなった方々や遺族だけでなく、君の家族も不幸にし、君自身の人生を奪ってしまった」（朝日新聞、二〇〇九年一一月一九日付夕刊）と綴られていました。

この記事を読み、今日の「学力」や「かしこさ」について改めて考えさせられました。加害者のしっかりした手紙を書く力が、人間らしい生き方につながらなかったことは、私たちにあらためて「かしこさ」とは？　「学力」とは？　を問いかけていると思ったからです。加害者が一日に一〇〇通以上もの書きこみを「ネット掲示板」にしながら、誰からも応答がなかったといわれます。こうした社会的孤立や疎外の問題、あるいは雇用の問題など、さまざまな背景・要因がこの事件にはかかわっていると思われます。したがって、「学力」の問題だけにその要因を帰することはできないでしょう。しかしなお、「かしこさ」が人間らしさと結びついておらず、乖離《かいり》してしまっているという「学力」と人格形成の分裂という問題が提起されていることもたしかではないでしょうか。そして、「生き方と学力の分裂」の問題は、多くの子ども・若者が抱える問題でもあるでしょう。

■「苦役」としての学習、「手段」としての学習

第1章で、子どもの「悩みや心配ごと」で「勉強や進学のこと」が上位を占めている一方で、家庭学習を「ほとんどしない」子どもが学年が高くなるにつれて増加し、中学・高校ではほとんどの生徒が家庭学習をせず、大半の生徒が「勉強はつまらない」と感じている現状を明らかにしました。

いまの子どもたちにとっての学習・勉強は、どのようなものなのか、その現状をもう少し詳細に見てみましょう。

小学四年生から高校二年生を対象にした調査（Benesse教育開発研究センター「第1回子ども生活実態基本調査」、二〇〇四年）のなかの「勉強をする理由」を見ると、「問題が解けるとうれしいから」「自分がつきたい仕事につくのに必要だから」という

回答とともに、「小学生（中学生・高校生）のうちは勉強しないといけないと思うから」「勉強しないと頭が悪くなるから」「いい中学校や高校（大学）に入りたいから」が上位を占めています（図6）。「いい学校に入るため」、あるいは「勉強しなければいけない」という義務感や「勉強しないと頭が悪くなるから」という恐怖心にもとづく理由が高くなっているのです。また、「学習の取り組み方」では、「今までにもっときちんと勉強しておけばよかったと思う」「上手な勉強の仕方がわからない」が中学・高校生の七割をしめ、「勉強しようという気持ちがわかない」、「どうしてこんなことを勉強しなければいけないのかと思う」も半数を超えています（図7〈70ページ〉）。

かつて、教育研究者・田中孝彦さんは、子どもたちにとって勉強・学習は、「進学と将来の生活の『安定』のために耐え忍ばなければならない『苦役』」となっており、「子どもの人間としての自立をうながしていくためになにを、どのように学ばせる必要があるのかという、学習の内容や質への問いはあいまいなまま……将来の安定のために必要な『点数』をとる活動や能力として、学習や学力がとらえられ」る「手段」としての学習観が広がっていると指摘しました(4)。

また、競争の教育と自己責任を強調する社会のなかでは、他の人たちは競争相手、「一緒に学ぶ」という関係を育みにくく、「勉強は一人でするもの」という学習観も私たちのなかに浸透していると感じます。

[図6] 勉強する理由（学校段階別）

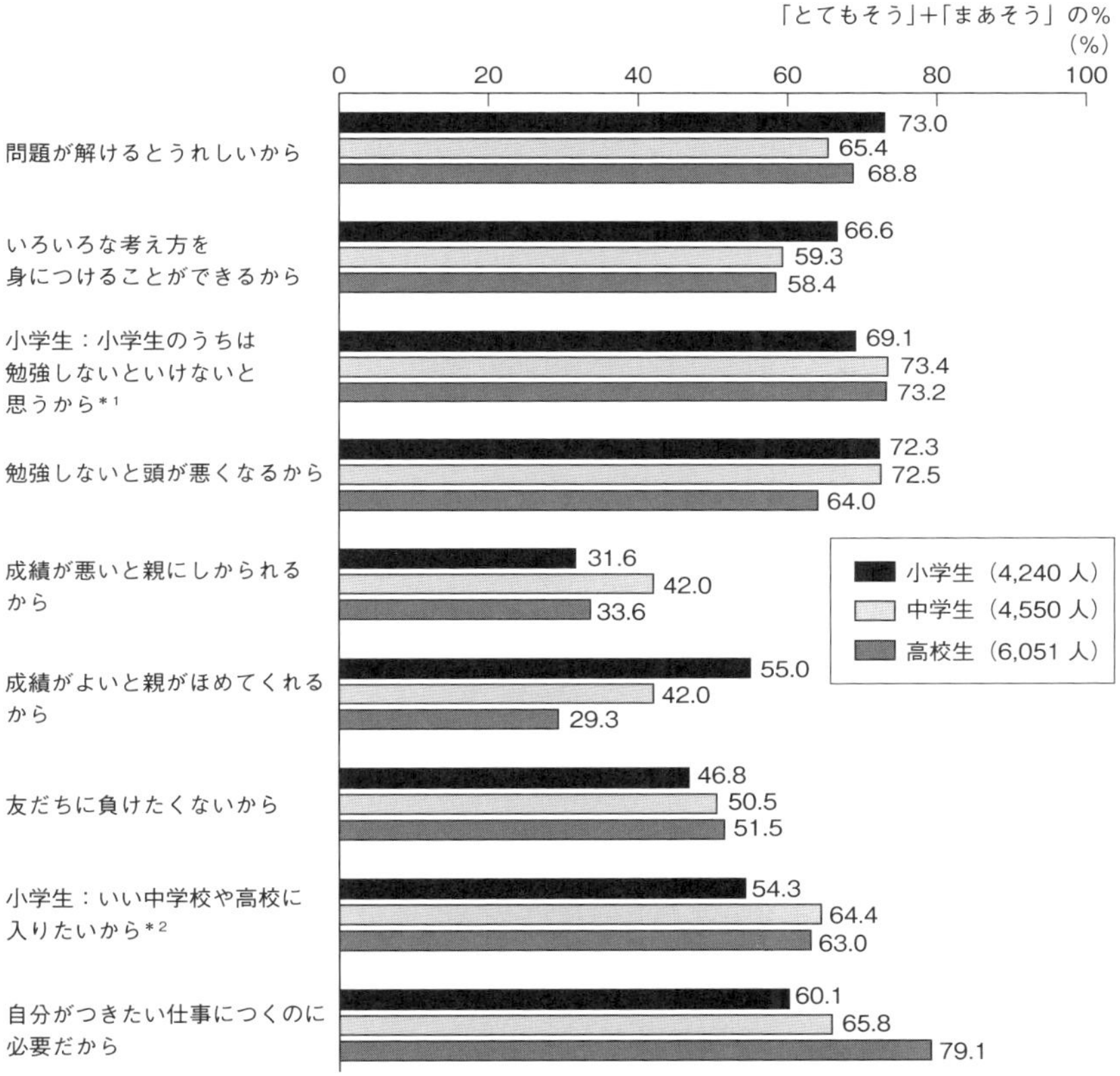

注1）＊1　中学生：中学生のうちは勉強しないといけないと思うから
　　　　　高校生：高校生のうちは勉強しないといけないと思うから
注2）＊2　中学生：いい高校や大学に入りたいから　高校生：いい大学に入りたいから

資料出所 :Benesse 教育研究開発センター「第1回子ども生活実態基本調査」2004 年

［図７］学習の取り組み方（学校段階別）

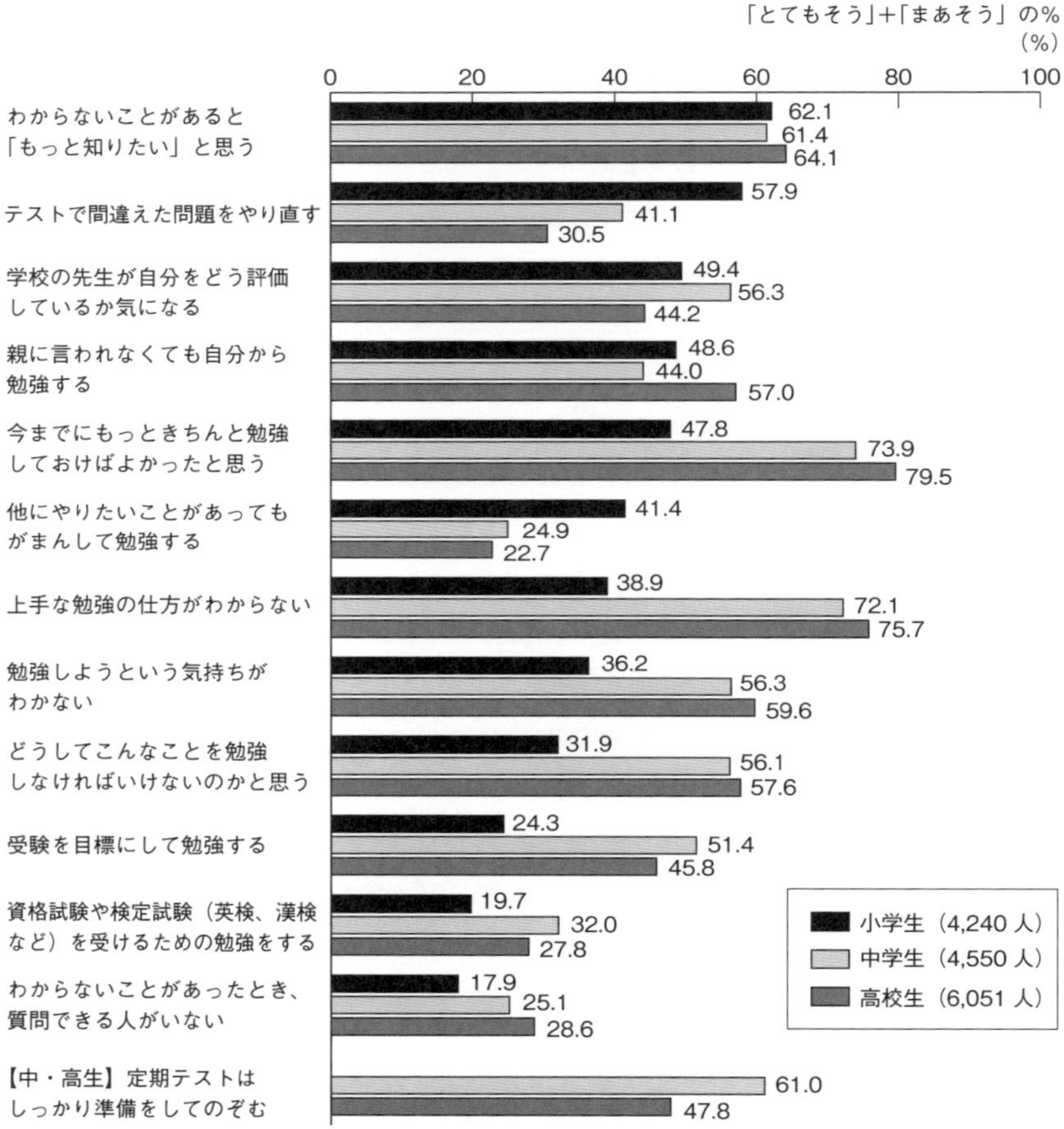

資料出所 :Benesse 教育研究開発センター「第１回子ども生活実態基本調査」2004 年

これまで見てきたように、教育における競争は依然として激しく、勉強に対する義務感や恐怖心を抱く子どもたちも見られます。しかし、将来の生活の「安定」そのものが大きく揺らいでいる今日社会では、「手段」としての学習はかつてのような力をもちえなくなったことも事実でしょう。学習をしない子どもたちの増加や「なぜ勉強するのか？」という子どもたちの問いは、こうした現状を鋭く反映したものなのです。この点を日本社会の変動という視点からとらえ直してみましょう。

■競争を軸とした「勉強」の時代の終焉《しゅうえん》

①産業化と教育の急速な拡充・発展

日本の子どもは世界一勉強熱心なことで知られていました。しかし、これまで見てきたように今日では世界一勉強をしない子どもになってしまいました。なぜなのでしょうか？

教育研究者である佐藤学さんは、この謎を解く鍵は日本の急速な産業化と教育の近代化の終焉にあると指摘しています。その概要を紹介しましょう(5)。

近代的学校制度が発足した一八七二年から日本の学校の就学率と進学率は一貫して急上昇してきました。当初、一〇％に満たなかった義務教育の就学率は一八九〇年ごろには九〇％を超え、高度経済成長期を経て一九八〇年には高校の進学率が九四％、大学・短大の進学率は三七％に達しています。一九八〇年のヨーロッパ諸国の後期中等教育（全日制）の進学率は約七割、高等教育の進学率は二割以下でした。欧米諸国が二世紀ないし三世紀かけてゆるやかに達成してきた教育の近代化を日本はわずか一世紀足らずで達成し、一九七〇年代に欧米諸国を凌駕《りょうが》するまでになったのです。

佐藤さんは、日本をふくむ台湾、シンガポール、韓国、中国など、急速な教育の近代化をとげた東アジアの国々には共通する特徴があると指摘しています。

第一の特徴は、産業と教育の急速な近代化です。東アジアの国々は、身分や階級、階層の差異を超えてすべての国民に教育機会を保障し、教育による社会移動の流動性を高めて、一挙に国民の統合と産業化を推進してきました。

良質の安い労働力による工業化と保護貿易によって、ＧＮＰの成長率七％から一〇％という急速な産業化を達成するとともに、人々は親の世代よりも高い教育経験を獲得し、親よりも高い社会的地位へと移動することができました。

第二の特徴は、競争の教育です。東アジアの国々における社会移動の流動性は、過激な受験競争を生み出しました。英語圏の国々やヨーロッパ諸国では、受験せずに中学と接続した地域の総合制の高等学校に入学したり、競争ではなく個々人の達成度によって進学先が決定されるのとは対照的です。

第三の特徴は、産業主義化との親和性です。少数の知的エリートと大多数の単純労働者というピラミッド型の労働市場は、受験競争によるピラミッド型の学校の構造（学歴社会の構造）とマッチして展開されてきました。「詰め込み教育」と「テスト指向」は、東アジア型の教育の特徴の一つです。大量の知識を画一的効率的に伝達し、個人間の競争を組織して確実に習得させる大工場システムの学校教育を追求してきたのです。

第四の特徴は、国益中心の国家主義と強力な中央集権的な教育統制です。国の教育政策が学校制度の整備・拡充において決定的な役割を果たし、学校は国家体制の末端機構、教師は国家政策の忠実な遂行者と位置づけられてきました。こうした国益中心の国家主義と利己的な個人競争を両輪とする東アジアの国々では、教育に対する公共的な意識も成熟を阻《はば》まれてきました。

②「勉強」の時代の終わり—「東アジア型教育システム」の破綻《はたん》

東アジア型教育は、産業と教育の急速な拡充・発展を前提として有効に機能するシステムです。産業と教育の急速な拡充・発展が順調に進行している過程では、学校教育によって大半の子どもたちが親よりも高い教育歴を獲得し、親よりも高い社会的地位を獲得することができ、学校と教師への信頼は高く、学習の意欲と努力は最大限に発揮されます。

しかし、産業と教育の急速な拡充・発展が終焉を迎えると、その破綻が一挙に露《あら》わになります。もはや大半の子どもは親よりも高い教育歴や高い社会的地位を獲得することはできなくなりました。学校は一部の「勝ち組」と多数の「負け組」を振り分ける装置に変貌《へんぼう》し、多くの子どもにとって学校は失敗と挫折を体験する場所になってしまいました。この転換によって、学校への信頼も学習の意欲と努力も世界一のレベルから世界で最低のレベルに転落した、「勉強」の時代は終わった、というのです。

ここに日本の子どもたちが学びへの意欲を失い、勉強しなくなった一つの原因があるのです。このことは、これまでの教育のあり方や学力観を見直し、子どもの学びとはどのようなものであるかを根本的に考え直すことを求めているといえましょう。

求められる子どもの見方の転換

これまで明らかにしてきたように、子どもたちの育ちや学びの現状、社会における学習観の現状は、私たちが子どもの育ちや学びに対する見方や発想の転換を求めています。

■「子どもの将来のため」から「いまの子どもに目を向ける」に

まず第一は、「子どもの将来のため」から「いまの子どもに目を向ける」ことを第一に考えることへの転換です。「幼稚園・小学校で困らないように」「高校受験で苦労しないように」「わが子が将来、生活に困らないように」。習い事や塾、早期教育や中学受験に子どもを向かわせる最大の理由は、「子どもの将来のため」ではないでしょうか？　先回りをして子どもに何かをさせる傾向が、とても強くなっていると感じます。

たとえば、親子が楽しむ場として企画された「あそぼう会」など、地域の子育て支援の場が、「幼稚園の『予備校』」のようになって、かえって親子のストレスが増してしまっているという話を耳にします。幼稚園に入るまでに少しでも集団生活に慣れさせたい、友だちとうまくかかわれるようにしたいという思いが強く、わが子が母親から離れて他の子どもと元気に遊ぶことができるかどうか、紙芝居をちゃんと座って見ていられるかどうかがとても気になり、それができないと焦ったり、幼稚園に入ったらいじめられるのではないか心配でたまらなくなってしまう母親がいるといわれます(6)。

確かに、いま、子どもの将来を考えれば考えるほど不安になってしまいます。いまの競争社会や早期教育の情報が、親の不安を高め、こうした傾向を増長しています。しかし、「将来のため」ということが子どもにとってはどうなのかを落ち着いて考えてみる必要があるのではないでしょうか？

子どもが不登校になって、自分の子育てを振り返った二人の母親は次のように語っています。

中学一年生の女子。頭痛、むかつき、発熱などの症状を呈《てい》して登校できなくなる。

子どもは「これまで自分を出さないように、明るく振る舞ってきた。自分を出すと私は誰にでも嫌われてしまう」という。

三歳のころから英会話、ピアノ、クラシックバレエ、スイミングなどを始める。親が与えるすべてのことを、よい成績でこなし、いわゆる「よい子」で幼稚園を卒園。小学校入学後も、公文、書道、そろばん、絵画教室などに通いはじめるがすぐにやめた。小学校から私立中学受験に失敗し、公立入学。「明るくしていれば『いじめ』にあわない」と教え、学校に通わせていた。子どもの意思は尊重しないで、親のペースでやってしまった。……先に「いったらどうや?」「こうしようね」とレールを敷き、親が誘導してきた。どれも続いていない。

自分がとことんやりたいものがないので、追いつかれたり、追い越されたりすると嫌になるのだと思うと、母親は振り返っています。

小学校六年の男子。小学校二年生のときから不登校。繊細で潔癖《けっぺき》なところがある。母親は、心の広い勇気のある強い人間に育ってほしいと、小さいときから土日になると山や海、アスレチックやスキーにと、子どものためになることであれば、なんでもどこへでも連れて行った。

でも子どもは保育園児だったから日曜ぐらいは家でゆっくりしたかったかもしれない、母親のひざに座って話をしたかったかもしれない。「わが子が不登校になってはじめて、子どもの将来ばかりを考えて、いま目の前にいる子どもの心を見ていないことに気づかされた。子どもにとっては、今日この一瞬が大切なのに、毎日の忙しさに追われてそれが見えなかった」と母親は振り返っています。

母親の話を紹介している高垣忠一郎さんは、過酷な競争社会や学校、地域のありよう、子どもの人間関係などが重なり合ったなかで、「不登校」が起きたのであって、決して親の子育てが原因だといいたいのではないと述べています。ただまだ見ぬ時間のかなたの「将来の子ども」のために親なりに努力するなかで、「子どもの将来にばかり目が向き、いま、現在の子どもの欲求や願いに目をやり、応えてやることを忘れてしまいがちではないか」(7)と指摘しています。「将来のわが子」のために、いま、目の前にいる「現在のわが子」を犠牲にするというおかしなことが起こっている。子どもたちが、「自分が自分であって大丈夫」という、自分を愛し、信頼する心を失っているのはここにも一因があるように思えるという高垣さんの指摘に、私たちは耳を傾ける必要があるでしょう。

「子どもの将来のため」から「いまの子どもに目を向ける」ことへの転換がなぜ必要か、わかっていただけたのではないでしょうか。先を見通すことは、大切なことですが、それは、「まだ見ぬ時間のかなたの『将来のわが子』のために、いま、目の前にいる『現在のわが子』を犠牲にする」ことではないはずです。「子どものいまの生活が楽しくて充実している」ことのうえに、子どもの将来の生活が切り拓かれていくと考えることが大切なのです。それはあくまでも「子ども自身にとっての生活の充実」であって、大人が押しつけるものではありません。だからこそ、「いま、子どもが何を感じ、何を求めているか」に大人が目を向け、そこから出発することが大切なのです。

心理学者の波多野完治《はたのかんじ》さんは、『生涯教育論』という著書のなかで、学習に「最適年齢」があることは否定できないが、教育で失敗ということがあれば「イヤニナル」というのが、その最大のものであろうと述べています。「だからキライにならぬようにすることが生涯教育ではたいせつで、そのためには少しぐらい年齢がおくれても良いのである。年齢のおくれはとりかえせるが、キライになったのを直すのには、たいへん骨がおれ、ときにはそれが不可能なことさえある」からです(8)。先回りして教えていくことではないのです。

■試行錯誤の過程を大切に

第二は、「時間をかけずに効率的に」という発想から「試行錯誤の過程を大切に」することへの転換です。「サクサク仕事をこなす」という言葉が流行ったように、いまの社会は、スピードと効率が求められ、子育てや保育の世界にも浸透してきていると感じます。大人が子どもに生活習慣や知識、技術を獲得させようとするとき、何か活動をするとき、「いかに時間をかけずに手際よくスムースにできるようにするか」という発想が強くなっています。保育の世界もこうした傾向と無縁ではありません。

保育者としての経験を土台に保育論を展開している本吉圓子《もとよしまとこ》さんの著作から二人の保育者の事例を紹介しましょう。

B先生はカンポックリを作る材料を、完全に準備して製作にとりかかりました。カンも歩きやすい適当な大きさ、ひもも長さも身長に合わせて丈夫なものを、穴をあける道具、穴のあけ方の指導もきちんとやりました。三〇分後にはクラス全員が、何の苦労もなく見事なカンポックリを作ることができました。

A先生は、子どもが好奇心をもって作りたくなるように、カンポックリを一つ作っておきました。それを見た子どもたちが、これを使いたい、ほしいと思っているところへ、「作ってみよう」と誘いかけます。翌日は細長いカン、小さいプリンの容器、かと思えば大き過ぎるミルクのカンなどを持参しました。

子どもたちは穴も好きなところに苦労してあけ、毛糸や針金をもってきて穴に通し、セロハンテープでとめて歩き出します。ひもが短すぎる、足が入らない、毛糸がすぐ切れる、ひもが抜ける、カンが細いので怖い、小さすぎて足が乗らない……。

朝登園すると、すぐに作り出し、やり直し、何日もかかり、とうとう一人ひとりが自分の力で考え、努力し、はきやすい、歩きやすいカンポックリを作ったのです。

確かにB先生のやり方のほうが子どもたち全員が短時間のうちにカンポックリを作ることができました。しかし、A先生、B先生、どちらの子どもたちがその活動を通じて成長したか、考え工夫する力が育ったかは明らかではないでしょうか。

本吉さんは、活動を計画する際に、「最短距離を走らせ、早く〝できた〟ことが評価されすぎてはいないでしょうか」と疑問を投げかけています。B先生のように、絵を描く、生活習慣を身につける、製作をするなど、これらすべてのことを「失敗させず、困らせず、悲しませずに、全員が目的を達成する。このために環境整備や配慮、準備をするのが良い保育者であると思われている[9]」ようだと指摘しています。

本吉さんがこの指摘をしたのは、一九八五年のことですが、いまでもこうした傾向は続いています。本吉さんが提起した「最短距離を走らない」保育の計画や子育てが、今日、ますます大切になってきていると考えます。子どもの意欲・やる気を引き出し、子ども自身が失敗や試行錯誤を繰り返すなかで考え工夫していく、その時間と過程を子どもに保障していくことこそが求められているのです。

■子どもの「変わろうとするこころ」を育む

第三に、子ども自身の「変わろうとするこころ・思い」を大切にし、ゆっくりと育んでいくことです。障害児を中心とした発達心理学の研究者である近藤直子さんは、著書『発達の芽をみつめて』のなかで、子どもが自分で次々と世界を広げ、自由を広げていくその根っこには、「子どもが自分を根本的に変えていこうとする〝願い〟があり、その願いの誕生と充実を保障することが、発達の保障」であると指摘しています。近藤さんが、このことの大切さを痛感したという四歳の息子さんの事例（概要）をまず紹介しましょう。

息子はどちらかというと、頭が先に働いて、後でからだが動く、というタイプ。ですから運動的な課題にとりくむときは、「コワイ」「アブナイ」「デキナイ」という思いが先に立って、挑戦するまでに時間がかかります。親が見ていても歯がゆい思いをすることが多く、「ヘイキ、ヘイキ！」「ホラ、ガンバリナサイ！」と一方的に〝はげまし〟、かえって息子の心をかたくしていたように思います。わが子ともなると、期待水準が高くなりがちだったのです。

四歳の夏、息子と息子の一番の仲良しのサッチャンをプールに連れて行ったときのことです。三歳上のお兄ちゃんがいて、こわいもの知らずのサッチャンは、子ども用プールに頭からザバーンと水しぶきをあげて飛びこみます。泳げはしませんが、水をこわがることなく、頭から飛びこんでいく姿は、他人の子ながら「カッコイイ！」と叫びたくなる勇ましさでした。

一方、わが息子は、親から見ると何とも情けないことをしてくれるのです。子ども用プール（せいぜい太ももぐらいの水）のなかでその場跳びをしては、「ザバン」と口でいうのです。お腹の底からムラムラッと、「何してるの情けない！　男でしょ！　サッチャンみたいに飛びこんでごらん」といいたい気持ちが沸き上がってきて思わず口をついて出そうになります。しかしここでそれをいってはおしまい。あまりにも息子の姿が情けなかったせいで、〝これではいけない〟という自制の気持ちが働いたようです。

本人はプールをいやがることもなく、またサッチャンをカッコイイと思いながら、自分なりに涙ぐましく〝カッコウ〟をつけているのですから、それをののしったのでは、息子の立つ瀬がありません。とにかくジッと見守ること、そして毎日プールへ連れて行くことを心に決めました。息子は、自分なりに「サッチャンみたいになりたい」と願い、日々コツコツと水にたちむかっていきました。ソッと両手を水につけるようになり、さらにはソッと両手を水につけて前に倒れこむようになり、やがて自分から水に飛びこむようになりました。夏の終わりに少し浮けるようになってからはプールが大好きになり、水のなかで自由自在に、前回りしたり後ろ回りしたり、潜水したりと水を大いに楽しんでいます。スイミング・スクールに通う子どもたちは、何メートル泳いだかを問題にするようですが、息子は、とにかく水のなかで自分のからだを自由に動かす楽しさを力いっぱい味わっています。

あのとき、口汚く息子を叱りつけ、〝かたちだけ〟励ましていたら息子はプール嫌いになっていたかもしれません。みんながしていることを自分もしたい、と思うようになれば、必ず苦労しながらも自分のわざを広げ、わざを身につけたことであそびの幅を広げ、自分のからだの自由さを楽しめるようになるのですから、「自分も同じようにしたいなあ」という思いをゆっくり育んでいくことが大切だと考えています。[10]

この事例が示しているように、何ができるようになったという変化の結果が重要なのではなく、「○○ちゃんのように自分もなりたい」「みんなと同じように跳びたい」と自分を変えていこうとする願いに注目することが大切なのです。子どもが「自分を変えていきたい」という願いをもつとき、大きく飛躍し、わざや力を広げ自由を広げていくからです。その思いをゆっくり育んでいけばよいのです。子どもは、近藤さんが指摘しているように、「自分を変えていきたい」という願いをもつとき、大きく飛躍していきます。そのことを、筆者もわが子の場合に実感しました。

絵本を読んでもらうことは大好きなのに、第一子ということもあってか、娘は保育園の年長クラスになっても文字の読み書きにはまったく興味を示しませんでした。就学を前に少し焦って文字積み木を買い与えても見向きもしません。その後、保育園のクリスマスでカルタをプレゼントされ、カルタが大好きになった娘は、保育園だけでなく、家でも親を相手にくりかえしカルタあそびを楽しみました。あるとき家でカルタをしていると、娘が「読み手になる」といい出しました。保育園で、すでに文字を読める子がカルタの読み手になっている姿を見て、「カッコイイ！　自分も読み手になりたい」と思ったのでしょう。文字が読めないのに、どうするのだろうと思いましたが、「いいよ」といって見守りました。すると、娘はカルタの読み札の一番上に大きく書かれた文字を絵札に書かれている文字のなかから探しはじめました。「いぬもあるけばぼうにあたる」の「い」を絵札の文字のなかから探し出すわけです。何度もやっているカルタなので、絵を見れば文章は覚えています。それで、さも読んでいるかのように、「いぬもあるけばぼうにあたる」というのです。こちらとしては、ものすごく時間がかかるし、娘が読む前にどの札なのかわかってしまうので困りましたが、「子どもってスゴイ！」と思いました。

　文字と言葉が一対一で対応していること、一番上の文字が絵にも書かれていること、絵を見ればどんな文章なのかがわかることなど、それまでにわかっていることを総動員して、知恵を働かせて「読み手になる」ことを実現したのです。こうして文字が少しずつ読めるようになりましたが、入学時には、書くことはできないまま。入学後、担任の先生から「目を輝かせて文字を覚えようとしている、いまどき珍しい子です。でも、家でも練習してくださいね」といわれました。

　保育園の友だちがカルタを読む姿にあこがれ、「カルタの読み手になりたい」という強い思いが、文字は読めないけれどカルタを読むという難しい課題を解決する知恵を生み出したのでしょう。私たちはとかく〝できる・できない〟で子どもの行動を見て、焦ってしまいがちですが、その過程や子どもの思いにこそ目を向けていきたいものです。

世界のなかで「学び」をとらえ直す

■変わる世界の「学力」と「学習」のとらえ方

いま、世界では、急激に変化する今日の社会における「学力」のあり方が模索され、「学力」と「学習」のとらえ方が大きく変わりつつあります。

ＯＥＣＤのDeSeCoと呼ばれる生涯学習プロジェクトは、二一世紀の生涯学習社会に参加するために必要な力として「キー・コンピテンシー」という新しい力の概念を提起しています。各国の研究者や政策担当者が、各国の課題、教育改革の動向やキー・コンピテンシーに連なる考え方を整理し、議論を積み重ねて導き出したものです。

キー・コンピテンシーは、急速に変化し、複雑性や相互のつながりが強まっている今日の世界で必要な力とはどのようなものであるかを問うなかで導き出されたものです。科学技術（ＩＣＴ：情報通信技術）が著しい進歩を遂げ、急速に変化する技術や大量の情報に対応すること、多文化共生、自然環境の維持可能性と経済成長とのバランス、社会的不平等の削減と社会的公正の実現など、グローバリゼーションが提起する複雑な課題を解決し、対応していくためには、社会への適応や教えられた知識だけでは不十分であるという認識が据《す》えられているのです。

北欧諸国やドイツ、スイス、オーストラリア、ニュージーランドなどの国々では、キー・コンピテンシーが、学校卒業の必要条件、学校カリキュラムや全般的な教育目標など、なんらかのかたちで学校教育のなかにも設定され、そのとりくみが広がりつつあります。学校教育が、生涯学習の基礎・入口として、子どもを「生涯にわたって学び続ける学び手」として育てることを位置づけたものでもあります。

■すべての人にとって重要な「学び」

キー・コンピテンシーは、「個人の成功と良好な社会のためのキー・コンピテンシー」というDeSeCoの著作の英文タイトルが示しているように、個人の成功・幸福と良好な社会の発展の両者に貢献するものであるという基盤から出発しています。そして、「すべての個人にとって重要」[7]な力として、つまり単にエリートの利益を促進するのではなく、むしろ社会的平等に貢献するものととらえられています。北欧の多くの国では、教育費は高等教育まで無償の原則が貫かれ、格差を解消し、公平公正で質の高い教育を受ける機会をすべての人にどのように保障していくかが、重要な課題として認識されているのです。

他方、わが国では、格差と貧困の広がりが深刻な問題となっています。阿部彩さんは、OECDのPISAの調査結果から「子ども全体の学力が高い国では、学力が一番低い層の子どもたちの学力も高い」ことを明らかにしています。PISAから、それぞれの国において学力が「下位五％」「下位一〇％」……「上位一〇％」「上位五％」の子どもたちの平均点を図8に示しています。線の傾斜がきつい国ほど、学力格差のある国ということになります。「下位五％」の子どもたちの得点に注目してみると、読解力で順位が一位の韓国、二位のフィンランドはともに四〇〇点近くあるのにたいして、日本（一五位）、イギリス（一七位）は三二〇点と、八〇点近い差があります。逆に学力の「上位五％」の平均点は、韓国六八八点、フィンランド六七五点、日本六五四点、イギリス六五四点と二〇～三〇点の差しかあり

［図8］学力ランク別の平均点
（2006年）

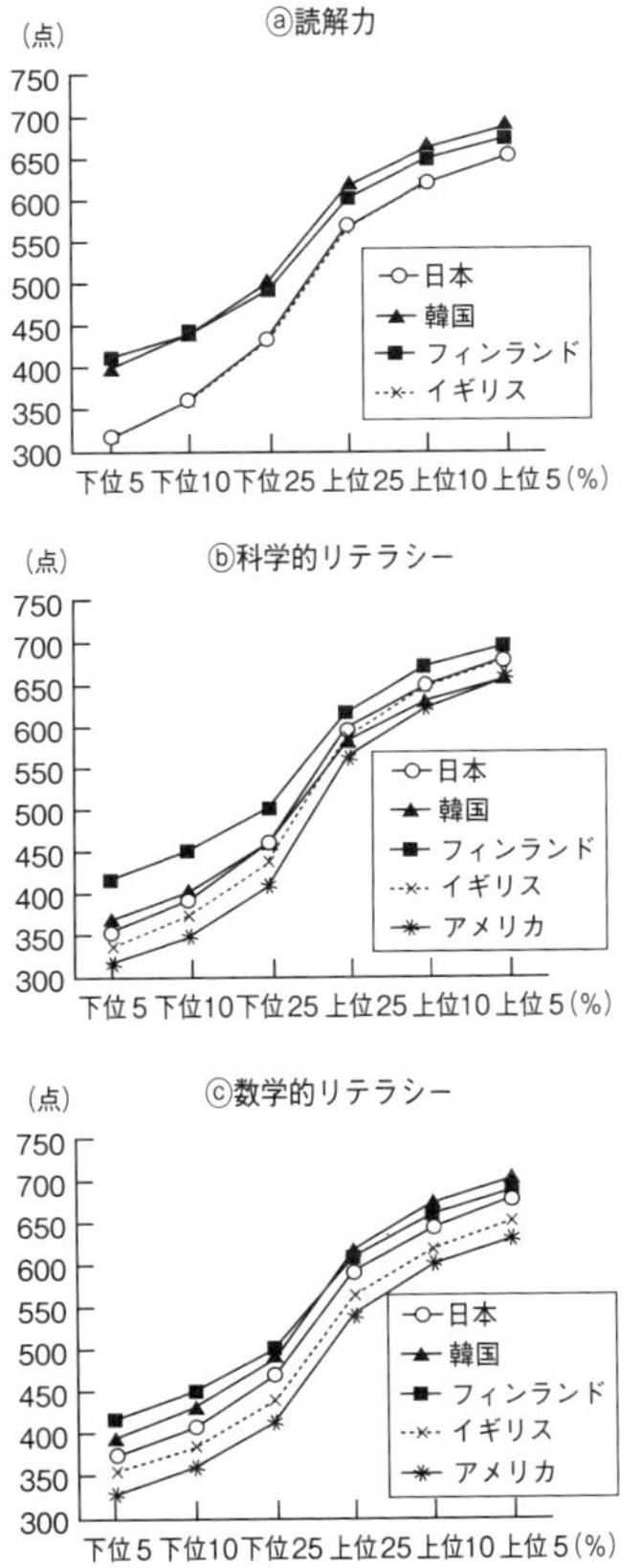

資料出所：国立教育政策研究所編（2007）
元データ：OECD 2006年PISA調査

ません。つまり、韓国・フィンランドと日本・イギリスの二グループの読解力の差は、学力の上部ではなく下部で起こっているというのです。この傾向は、「科学的リテラシー」でも確認でき、「数学的リテラシー」は他の科目に比べ、この傾向は小さいのですが、総合ランキングが「下位五％」のランキングと同じという点は変わらないとしています。

したがって、「学力格差の底辺の子どもたちの学力向上を図ることは、すべての子どもの『学ぶ権利』を保障するとともに、子ども全体の学力を底上げすることになる」[11]と阿部さんは主張しています。OECDのキー・コンピテンシーに見られるように、諸外国では、学力格差を広げるのではなく、格差を解消し、公平公正で質の高い教育を受ける機会学習の権利をすべての人に保障するという理念が掲げられていることをまず確認しておく必要があるでしょう。

■生きて働く力としてのキー・コンピテンシー

キー・コンピテンシーは、単なる知識やスキルではなく、人生の重要な課題に対応して生きて働く力と考えられ、三つのカテゴリーと九つのコンピテンシーから構成されています。

①社会的に異質な集団において交流する

●他者とうまくかかわる

●協力する

●衝突を処理し解決する

②自律的に活動する

●「大きな展望」あるいは文脈のなかで行動する

●人生計画や個人的プロジェクトを設計し、実行する

●自らの権利、利害、限界、ニーズを守り、主張する

③相互作用的に道具・ツールを用いる

●言語、シンボル、テクスト を相互作用的に活用する

●知識や情報を相互作用的に活用する

●技術を相互作用的に活用する

さらに、キー・コンピテンシーの精神的前提として、反省性（reflectivity）、批判的スタンスと思慮深さが据《す》えられています。反省性は、成人において獲得されるものと考えられていますが、「個人が『社会化のプロセス』から距離を置き、自立した判断ができ自らの行動に責任がとれる」ような人間の育成がめざされていることに注目したいと思います。(12)

他方、ＰＩＳＡは、「各国の子どもたちが将来生活していく上で必要とされる知識や技能」、「生涯にわたって学習者であり続けられるような知識、技能」が、義務教

育の修了段階において、どの程度身に付いているか」を測定することを目的としたものです。[13] PISAは、義務教育終了段階でキー・コンピテンシーの枠組みを根拠とする知識や学習に対して、子どもたちがどの程度思慮深いアプローチをしているかを知ることをねらいとしています。PISAの「読解力リテラシー」「科学的リテラシー」「数学的リテラシー」は、キー・コンピテンシーの三つのカテゴリーの③「相互作用的に道具・ツールを用いる」の「言語、シンボル、テクストを相互作用的に活用する」ことに焦点を当てたものです。[14] これらのリテラシーも上記のキー・コンピテンシーの全体構造のなかに位置づくものととらえられています。

この章のはじめに、「かしこさ」や「学力」が、「人間らしく生きる力」や自分や他の人々の幸福につながっていないという「生きる力と学力の分裂」の問題も指摘しました。こうした点から、人がいまの社会のなかでよりよく生き、市民としてよりよい社会をつくっていくための生きて働く力としてキー・コンピテンシーがとらえられていることに目を向けておきたいと考えます。

■参加し、発見し、つながりながら子どもが変わる学び

キー・コンピテンシーのもう一つの重要な点は、状況に埋め込まれた学習理論（situated learning theory）を下敷きとして、コンピテンスを「個人の属性と、その人が働きかける文脈との相互作用の生産物」[15] として、文脈と切り離せないものとして

とらえている点です。

DeSeCoのシンポジウムで、ゴンチ（Gonczi）は伝統的な学習概念に疑問を投げかけ、次のように述べています。

「古い学習理論のパラダイムは、学習が生じる環境に学習者を結びつける新しいパラダイムに代えられる必要がある。新しい学習の概念は、個人の認知的側面と同様に、感情、道徳、身体を考慮したものであり、そして現実の学習が行為の中で、および行為を通してのみ生じるという。したがって、キー・コンピテンシーの学習は、判断を下す力量をおそらく生涯にわたって増大させるという点で、現実の世界への働きかけを通じてのみ生じることができる」(16)。

いま、子どもたちにとっての学習は、受験や成績のため、「将来のため」と外側から強いられ、あるいは「できるか・できないか」「賢いか・頭が悪いか」を判定され序列化されるものとなっています。こうしたなかで、学ぶことは魅力のないものとなり、子どもたちは学ぶことの意味を求めています。キー・コンピテンシーが提起している学習は、子どもが生活や社会にあらゆる力を発揮して参加し、さまざまなことを発見し、世界を広げ、その意味を実感しながら自分をつくっていくことだととらえられているのではないでしょうか。

大河未来さんによる一年生の「給食のお勉強」という実践は、自分の力を発揮して、さまざまな発見をしながら学んでいる子どもたちの姿をいきいきと描き出しており、DeSeCoにより提起されている子どもの学びを彷彿《ほうふつ》させるものです。少し長いのですが、紹介します。

ココちゃんは、学校を楽しみに入学してきました。ところが、鉛筆の持ち方や書き順をうるさくいわれるし、その上学級のお友だちの大部分は足し算や引き算も知っていて、計算も速いので、一年生の初めから「お勉強ができない」し、大嫌いと思っています。お父さんは左官屋さんですが、手間賃が減って、お母さんが昼と深夜に二つのパートで働き、家計を支えています。塾に行かず学校だけなのに、一年生からこんなに勉強嫌いだと先が思いやられると心配するお母さんに宿題をしないと叩かれることもあります。

両親が医者の秀君は、勉強はできますが、運動も友だちをつくるのも苦手。塾では一人で考えないといけなくて、毎日、点数がつきます。勉強は、自分のためだけど、本当は好きじゃないと思っています。

ココちゃんも秀君も輝いたのが生活科の「給食のお勉強」です。「おうちの食事と給食はどこがちがうか」を、班ごとに調べました。ココちゃんの班は、「道具が違う」ことを調べました。ココちゃんは、昼休み、よく秀君と給食室の片付けを見ていたので、「給食室のお鍋は、大きくて、足が四本。蓋もついていて、横にハンドルがある」「鍋はハンドルを回して傾けて洗う」など、すごいことを知っていて、班の皆から尊敬されました。ココちゃんの案内で昼休みに片付けを見に行って、「鍋は五つ。水道は二三個もある。水槽は、赤ちゃんのお風呂くらい大きい」と次々発見し、何枚もの画用紙に絵と文章でまとめていきました。自分たちを「給食室探検隊」と命名し、隊長をココちゃんにしました。

秀君の班は、「給食の材料はどこからきているのか」を調べました。最初、栄養士の先生が買い物に行くと思っていたのですが、秀君が「違うよ。僕が学校に来るとき、給食専用の入口からトラックがくるよ」といったので、朝の八時に私と一緒に特別に見にいくことにしました。秀君は、普通・冷蔵庫・冷凍庫の三種類のトラックがあることを発見し、図鑑で確認しました。牛乳を運んでいるお兄さんはいっぺんに一〇ケースも持ち上げたので、思わず拍手。パンやさんのおじさんは、「おいしいパンを食べてほしいから、朝の三時から焼いているんだよ」と教えてくれました。調理員さんが、品物を確認しながらハンコを押したり、牛乳など冷たいものは温度を確認して受け取っていることも知りました。朝早くから、自分たちの給食のために働いてくださっていることを直に知って、どの子もすごい!! と大興奮でした。

栄養士の先生に「コンロがないけど、火はどこからでるの?」「どんなケガがあるのか」「ケガをした調理員さんは首になっちゃうの?」「給食の食べ残しはどうなるのか?」などと質問し、給食のお金はお家の人や西宮で働く人のお金のなかから少しずつ出してくれていることも知ります。「給食って本当にたくさんの人の贈り物だね」。

どの子も給食のお勉強は大好きでした。毎日の生活に直結し、知っていると思っていたことでも、調べると新しい発見があって、ワクワクしたからです。秀君は、自分の知識が、みなのなかで活かされて、次の発見につながることを初めて体験しました。乗物に詳しい尚君と仲良くなり、お友だちができました。秀君は、いま、「男の調理員さんってなんでいないんだろう?」「力のいる仕事だし、いてもいいのに。僕が第一号になろうかな?」と考えています。(17)

秀君は、朝、登校する際に給食室にトラックが来ることを学んでいましたし、ココちゃんは昼休みに給食室の片づけを見に行き多くのことを学んでいます。子どもは授業のなかだけで学んでいるわけではないのです。班で給食室に見学に行き、栄養士さん、調理員さん、パン屋さん、牛乳を運ぶお兄さんなどたくさんの人からも学んでいます。そして、自分の疑問、知りたいことを出発点に、給食をつくる人や道具、給食を支える人々など、具体的な事実を知り、世界を広げています。給食室のことをよく知っていると班のみんなから尊敬され、給食室探検隊の隊長に任命されたココちゃん。乗物に詳しい尚君と仲良くなり、友だちができた秀君。子どものお互いを見る目も変わり、子ども同士の関係も変化しています。さらに子どもたちの学習観や学習に対する姿勢も変わってきています。スタートから自信をなくし、「勉強ができない」し、嫌いと思っているココちゃんは「すごい！」とみんなから認められ、発見したことを何枚もの画用紙に絵と文章でまとめました。勉強は、一人でするもの、点数を付けられるもの、本当は嫌いと思っていた秀君は、自分の知識が、みんなのなかで活かされて、次の発見につながるという体験をとおして、学習観を大きく変えたことでしょう。学習は、現実世界への働きかけを通じて生じるというDeSeCoの学習のとらえ方とあい通じるものであると思います。

■注

(1) 汐見稔幸『かしこさってなあに―乳幼児期の知育を育てる』、あいゆうぴい、一九九六年、一一頁、一八頁、三三頁

(2) 鹿取寛人・杉本敏夫・鳥居修晃編『心理学３版』、東京大学出版会、二〇〇九年、二三八～二三九頁

(3) 清水益實「人間らしい生活をつくる保育」『新しい保育論へのアプローチ』、ひとなる書房、一九八五年、一三八～一三九頁

(4) 田中孝彦『人間としての教師』、新日本新書、一九八八年、三〇頁、三八頁

(5) 佐藤学『「学び」から逃走する子どもたち』、岩波書店、二〇〇〇年、二五～三六頁

(6) 清水玲子・鈴木佐喜子『今の子育てから保育を考える』、草土文化、二〇〇三年、一七七頁

（7）高垣忠一郎『心の浮き輪のさがし方―子ども再生の心理学』、柏書房、一九九九年、一二二～一二四頁、一二六～一二七頁、一三一～一三二頁
（8）波多野完治『生涯教育論』、小学館、一九七二年、一二四～一二六頁
（9）本吉圓子『発達理解と保育の方法』、教育出版、一九八五年、二三四～二三五頁
（10）近藤直子『発達の芽をみつめて』、全国障害者問題研究会出版部、一九八九年、五〇頁、五二～五五頁
（11）阿部彩『子どもの貧困』、岩波書店、二〇〇八年、一六五～一六七頁
（12）ドミニク・S・ライチェン、ローラ・H・サルガニク編著『キー・コンピテンシー』、立田慶裕監訳、明石書店、二〇〇六年、九五～一二一頁、二〇七～二一五頁、八八～八九頁。一部原著から筆者の訳を加えた。
（13）国立教育政策研究所編『生きるための知識と技能―OECD生徒の学習到達度調査（PISA）二〇〇六調査報告書』、ぎょうせい、二〇〇七年、三頁
（14）ドミニク・S・ライチェン、ローラ・H・サルガニク前掲書、二一九頁、一一七～一一八頁
（15）ドミニク・S・ライチェン、ローラ・H・サルガニク前掲書、六八～六九頁
（16）ドミニク・S・ライチェン、ローラ・H・サルガニク前掲書、七九頁
（17）大河未来「父母の『学力』要求と階層文化を越えて、子どもたちと『学び』を紡ぎたい」、『教育』二〇一〇年一月号、四五～五〇頁

※本章で紹介した実践の内容は、著書や雑誌論文等をもとに、こちらで要約したものです。

4

子どもの学びを育む保育実践

―ニュージーランドの「学びの物語」から学ぶ

この章では、ニュージーランドの「子どもの学び」に関する保育の研究と実践を手がかりにしながら、「子どもの学び」を育む保育・子育てをより具体的に考えていきたいと思います。私たちの「学び」のとらえ方を根本的に見直し、新たにつくり上げていくことが求められていることは、これまで述べてきたことで十分におわかりいただけたでしょう。いままでどおりの学力観、学習観にもとづく「勉強」を子どもに迫っても、子どもたちをさらに苦しめ、「勉強嫌い」にするだけです。また、与えられた知識やスキルをひたすら暗記したり練習することによって身につけるような「学力」は、激動するいまの社会で、生きて働く力として通用しなくなっています。では、乳幼児期の学びをどのようなものとしてとらえたらよいのでしょうか?

ここに、世界の新しい保育の動向、とくにニュージーランドの「子どもの学び」、「学びの物語」の研究と実践に注目する理由があります。ニュージーランドの「学びの物語」の理論と保育実践は、私たちの学習観・学力観を根本から変え、「子どもの学び」についてのまったく新しいとらえ方に目を開かせてくれます。そして乳幼児期の学びや知的教育を考えていくうえで、重要な考え方や視点がたくさんふくまれていると考えるからです。

ニュージーランドでは、一九八六年、すべての乳幼児教育施設が教育省の管轄《かんかつ》となり、幼保一元化が実施されました。以後、乳幼児教育施設の多様性を尊重しつつ、幼保一元化のもとでのカリキュラム、施設の認可・補助金制度、教員養成制度等の整備・確立がめざされ、一九九六年、乳幼児統一カリキュラム「テ・ファリキ」（Te Whāriki）が制定されました。ゼロ歳から就学までのすべての乳幼児教育施設の保育実践の共通な基盤となるカリキュラムで、トップダウンではなく、親もふくめた保育関係者の声を集めてつくり上げたカリキュラムです。「学びの物語（ラーニング・ストーリー」は、保育のなかで子どもの育ちをアセスメント（評価）する理論と方法です。外部からの説明責任の要求や学校教育からの圧力が強まるなかで、保育がゆがめられることを危惧したマーガレット・カーが中心となって、保育者とともにつくり上げたアセスメントの理論と実践が「学びの物語」です。このアセスメントは、保育現場に普及し、現在では教育省からアセスメント実践の手引き「ケイ・トゥア・オ・テ・パエ（地平線を越えて）学びのためのアセスメント：乳幼児教育実践例集」（Kei Tua o te Pae Assessment for learning: Early Childhood Exemplars）計二〇冊が出されています。

「学びの物語」は、保育の評価とは何かを明らかにしているだけでなく、子どもの学びをとらえる視点を明らかにしています。マーガレット・カーの「学びの物語」は、保育評価論であると同時に、乳幼児期に育てたい子どもの学びとは何かを明らかにした子どもの学び論でもあると考えています。ここでは、ニュージーランドの乳幼児教育におけるアセスメント「学びの物語」の中心的役割を果たしたマーガレット・カーの著書『保育施設におけるアセスメント：学びの物語（Assessment in Early Childhood Settings: Learning Stories)』を中心に、カーの諸研究とニュージーランドにおける「子どもの学び」の保育実践を手がかりにして、子どもの学びを育むうえで重要な視点・考え方を明らかにしていきたいと思います。

新しい保育観の広がり

■ケアと教育を結びつけた保育

多くの国々では、子どもの世話をする「保育」と子どもに教育を提供する「幼児教育」とは区別され、異なる施設においておこなわれる営みとして位置づけられてきました。しかしいま、世界では、保育・幼児教育の重要性に対する認識の高まりとともに、「ケアと教育」を統合的にとらえようとする動向が広がりつつあります。OECD（経済協力開発機構）の報告書「人生の始まりを力強く（Starting Strong）」は、近年の先進諸国の保育・幼児教育政策の動向を調べてまとめたものです。このなかで、「ゼロ歳から就学前の子どもたちにケアと教育を提供しているあらゆる手段」を包摂《ほうせつ》する用語として、日本の「保育」に近い概念である「乳幼児期の教育とケア（Early Childhood Education and Care：ECEC）」を用いることを提起しています。「ケア」と「教育」を結びつけた統合的なアプローチを採用することにより、すべての子どもとすべての保護者を対象とした包括的《ほうかつてき》で統一した政策とサービスの提供が可能となるからです。専業主婦の家庭の子ども、共働きや一人親家庭の子ども、乳児、幼児など、どのような家庭のどのような年齢の子どもであっても、すべてを包括した統合的で統一した保育を提供することができるのです(1)。

この報告書が提起している「保育（ＥＣＥＣ）」とその根底に据《す》えられた保育・幼児教育観には、私たちが「子どもの学びを育む保育」を考えるうえで重要な内容がふくまれています。

一つは、教育とケアを結びつけた「保育（ＥＣＥＣ）」が、子どもの学び・育ちにとって大切であるという保育観を提起している点です。報告書は、有能で可能性に満ちた学び手であるという子どもは、いつでも、毎日の生活のあらゆる面から学んでいるのだから、「ケア」と「教育」を分けて考えることは、無意味だと主張しています(2)。

わが国でも世界の動向を受けて、教育・保育を一体的に実施する機能を備えた認定こども園を推進しようとしています。しかし、認定こども園は、「教育」は幼稚園、「保育」は保育所の機能として併置した安易な折衷案《せっちゅうあん》の要素を色濃く残しています。幼稚園と保育所という保育・幼児教育の二元的制度をそのままに、第三の制度をつくり出し、幼稚園や保育所の認可基準を下回る施設も認定こども園として認めるなど、多くの問題をはらんでいます。

しかも、三歳～五歳児の職員について、「幼稚園教諭免許と保育士資格の併有が望ましいが、学級担任には幼稚園教諭免許保有者、長時間利用児への対応には保育士資格の保有者を原則」とすると述べるなど、明らかに「教育は幼稚園・幼稚園教諭、養護・ケアは保育所・保育士」という見方がその底流に流れています。

わが国の保育所は、単に子どもをあずかり、ケア・養護だけを子どもに提供する施設ではありません。ゼロ歳から就学までの子どもたちが長期間、長時間、生活することをふまえ、「養護及び教育を一体的に行うことを特性」（新保育所保育指針第一章総則）とした施設ととらえてきたはずです。「教育」の部分は幼稚園・幼稚園教諭が、「養護」の部分は保育園・保育士が提供するという認定こども園の考え方は、「ケア」と「教育」を分離し、寄せ集めたとらえ方になっています。

発達心理学の研究者である鯨岡峻《くじらおかたかし》さんは、「保育者の「『受け止める』中に『導き・促す』が仄《ほの》めかされ、『導き・促す』なかに『受け止める』が仄めかされるように、養護と教育は決して切り分けられないからこそ、『一体のものとして』と言わなければならない[3]」と指摘しています。子どもを主体として考えてみれば、ＯＥＣＤの報告書が指摘しているように、「子どもは毎日の生活のなかで学んでいるのですから、『養護（ケア）と教育』を切り離すことができない」ことは明らかでしょう。生活・ケアと教育を切り離してとらえるのではなく、有能な学び手である子どもたちの「いま、ここ」にある生活を豊かにすることこそが教育であるという新しい保育観が提起されているのです。

■「いまの生活を充実させること」が「子どもの将来の準備」につながるという保育観

二つめは、「いまの生活を充実させること」が「子どもの将来の準備」につながるという保育観です。報告書は、子ども期を学習や学校教育の準備に狭く限定してとらえるのではなく、それ自体が大切にされるべき重要な段階であるととらえています。第3章で、わが国では「子どもの将来のため」に「いまの子ども」が犠牲にされる傾向があることを指摘し、「子どもの将来のため」から「いまの子ども」に目を向けることが大切であると指摘しました。子どもの就学前の保育・教育のあり方についても同じように考えることが大切であることはおわかりいただけるでしょう。

報告書は、この点をさらに深めて、子どもの「いまの生活の充実」と「将来の準備」とを二者択一で考えるものではないことを明らかにしています。報告書に引用されているオーストラリアの保育カリキュラムのための枠組みに関する文書は、このことを明確に述べています。

子どもたちは、社会のなかでいまをともに生きる市民とみなされています。子どもたちの生活、学びと発達への投資は、未来の見返りを期待するからではなく、いまを生きる子どもたちを大事に考えるからなのです。保育サービスにおける子どものための経験は、子ども自身の生活であり、同時に未来の人生に対する準備でもあるのです[4]。

つまり、保育・教育への投資の目的は、いまを生きる子どもたちを大切にすることを確認したうえで、子どもの「いま」と「将来」を二者択一で考えるのではなく、子どもの「いま」を充実させることが子どもの「将来」の準備につながるととらえることが重要であると主張しているのです。いまの子どもを大切にする保育を基本に据《す》えながら、どのように子どもの学びを育み、将来に向けた準備や教育につながるのかを明らかにする課題が、私たちに提起されているといえましょう。

子どもの学びの意欲を育む

■「生涯の学び手」に育てる

先に述べたように先進諸国では、生涯学習の重要性に対する認識が高まっています。知識、価値や人間関係のスタイルとが急激に変化しつつある社会において、「学校の主要な責務は、若い人々が変化に喜んで対処する気持ちがあり、機会をとらえることができるように援助することであり、つまりそれは力強く有能な学び手にすることであることはいくら強調しても強調し過ぎることはないであろう[5]」。

この指摘のように、グローバル化の進展、科学技術の急速な進展や変化する社会に対応するために、「生涯の学び手を育てる」ことが、保育・幼児教育や学校の重要な課題となっているのです。ニュージーランドの保育・幼児教育カリキュラム「テ・ファリキ」もまた、急速に変化する社会を視野に入れて、「こうした変化に対応するために、子どもたちは自分なりの考え方を発展させる自信と新しい知識とスキルを獲得し続ける能力の双方を必要としている。このカリキュラムは、子どもが生涯の学び手として必要とするであろう十分なスキルを支えるような教育的基礎を提供する」と述べています。(6)

そのためには、知識やスキルの習得だけでは不十分で、学びの意欲や学びに向かう姿勢を育てることが大切であることが多くの研究者によって明らかにされています。本書で取り上げるマーガレット・カーの「学びの物語」の中核に据《す》えられた「学びの構え（learning disposition）」もまた、こうした動向のなかに位置づけることのできるものです。

■大人の評価的な見方が子どもの学びの意欲を妨げる

①学びの意欲を削《そ》ぐ無力感は幼児期に生じる

学びの意欲とは何なのか、何が大切なのかを、カーが「学びの構え」の考え方に取り入れたキャロル・ドウェックの研究をもとに考えていきたいと思います。

ドゥエックは、誰もがみな旺盛《おうせい》な学習意欲をもって生まれてくると考えています。赤ちゃんは日々新しいことをマスターし、歩くこと、しゃべることなど、困難な課題にもどんどんチャレンジしていきます。難しくて無理だとか、努力しても無駄だと決めつけず、間違ったらどうしよう、恥をかくんじゃないかと気にしたりしません。歩いてはつまずき、また起きあがって、よろけながらも、ひたすら前に進んでいきます。

こうした意欲が継続していけば、子どもたちはきっと学校での新たな課題や困難にも意欲的にとりくみ、学び続けていくことでしょう。ところが、不幸なことに、そうではないとドゥエックは述べています。三歳半くらいになり、自分自身を評価する力が芽生えたとたんに、チャレンジを恐れ、せっかくの学ぶチャンスを退けてしまう子どもが出てくるというのです。(7)

ドゥエックは、失敗に直面したときに、「無力感（helpless）」を示す子どもと「達成志向（mastery-oriented）」を示す子どもという二つのまったく異なる反応があることを長年に渡る研究のなかで明らかにしています。「達成志向」とは、「学ぶことを愛し、チャレンジを求め、努力に価値をおき、そして障害に直面しても粘り強くとりくむ(8)」ことです。「無力感」の反応とは、失敗したときに示される「自己非難、否定的な感情、期待の急落、低い粘り強さ、そして建設的な方策の欠如《けつじょ》」です。

ドウェックの研究[9]の一つを紹介しましょう。三歳半から五歳の子どもたちに、四種類のジグソーパズルを与えます。最初の三つは子どもが時間内に完成させることのできない難しいもの、四つめはどの子にもできるかんたんなものです。そして、パズルをやり終えた後に、子どもに「どのパズルをもう一度やりたい？」とたずねるのです。すると、三七％の子どもがすでに解けたかんたんなパズルを選択しました。ドウェックは、完成でき、かんたんなパズルを選択した子どもたちを「無力感」を示す子ども、難しくて完成できなかったパズルを選択した子どもたちを「粘り強さ（persistence）」を示す子どもとみなしました。

そして、選択したパズルにとりくんだ後で、「まだ時間があるので、もう一度、パズルをやれるの。どれを選ぶ?」と子どもに問いかけました。すると、「無力感」を示す子どもの多くが、また同じパズルを選びました。困難に直面する危険を冒すよりも、同じパズルを三回やるほうを選んだのです。「粘り強さ」を示す子どもは、それとは対照的に、できなかったパズルにもう一度、挑戦することを選びました。

これらの子どもたちは、パズルを解くスキルという点でも、「自分はパズルが得意である」と思っているという点でもまったく違いがありませんでした。

ドウェックらは、「粘り強さ」を示す子どもと「無力感」を示す子どもにはパズルを選んだ理由に違いがあることを発見しました。一つは、子どもがパズルを選んだ理由です。完成できたパズルを選んだ子どもたちは、「一番かんたんだったから」「どうすればいいか知っているから」と答えました。他方、「粘り強さ」を示す子どもたちは、「できなかったから」「もう一度、できるか試してみたい」など、チャレンジを求める理由を述べたのです。

②失敗や間違いを「悪いこと」ととらえると？

では、困難に直面したときに、粘り強くとりくむ子どもと無力感に陥りあきらめてしまう子どもの違いは、どうして生まれるのでしょうか？

ドウェックによれば、「無力感」を示す子どもは「失敗や間違い」を「悪いこと」ととらえ、できない自分は「悪い子」と思ってしまう傾向が顕著であるというのです。

研究では、子どもに自分自身と親に見立てた人形を与えて、大人の役割を演じさせるという実験をおこなっています。子どもが三つのパズルをできなかったことを見ていた大人（の人形）が子どもに向けて何をいうか、また母親（の人形）が父親にその状況を電話でどのように報告するかを調べたのです。

すると、「達成志向」を示す子どもの大半は、「あなたはできる限りがんばった」「彼は一生懸命にとりくんだけれど、まだ完成することができなかった。後でもう一度やりたいと思っている」など、励ましや賞賛の言葉が多く見られました。それに対して、「無力感」を示す子どもたちの半数は、「彼はできなかったから罰を受ける」「自分の部屋に行っておとなしくしていなさい」「お父ちゃんはすごく怒って、彼女を叩く」など、厳しい批判や罰を与えるという内容が多かったのです。

ドウェックは、親が実際に子どもに罰を与えているということではなく、子どもができなかったことは非難すべきことであり、罰に値するとみなしているのだと考えています。学ぶということは、新しい課題にチャレンジすることにほかなりません。ところが、「失敗」や「間違い」を「悪い」ことだと考える子どもは、チャレンジを恐れ、学ぶチャンスを退けてしまうというのです。

③評価的な見方が学びの意欲を阻害する

さらに重要なことは、子どもの無力感、学びに対する意欲の喪失《そうしつ》は、大人の評価的な見方、批判や賞賛が大きな影響を与えていることを明らかにしている点にあります[10]。

たとえば、教師の批判に子どもがどのように反応するかを、子どもにお話を語って聞かせて調べた研究があります。そのお話は次のようなものです。

子どもが先生を喜ばせようと、時間をかけて家族の素敵な絵を描きました。ところが、先生に渡す直前になって、子どもの足を描き忘れてしまっていることに気がつきました。しかし、一生懸命に描いたので、「先生、この絵をあげる」といいました。

そして、お話を一度ここでやめて、子どもに子どもが描いた絵を評価するように求めました。すると、子どもの足を描き忘れているという欠点にもかかわらず、ほとんど全員の子どもが素晴らしいと答えました。この年齢では、こうした小さな欠点はあまり気にならないのです。

ところが、お話を続けて、先生が「足がないですって？　この絵はちゃんと描けているとは思わない。がっかりだわ」と批判をした後の子どもの反応は違ってきます。

「達成志向」の子どもたちは、「大丈夫。時間がなかったのだから」といって、絵を完成させようとするなど、前向きにとりくみました。他方、「無力感」を示す子どもたちは、批判に敏感に反応して、絵を悪く評価するようになり、有効な解決策を考えようとすることがあまり見られませんでした。そして、先生を喜ばせようとしたというもともとのよい意図は忘れ去られて、起こった結果だけから、子どもは「よい子ではない」と自分を責める感情を抱くようになったというのです。

さらにドウェックは、「ダメ」「上手」「いい子」「かしこい子」など、子どもの特性や結果を評価するような大人の子どもに対する対応もまた、子どもの「無力感」を促進すると主張しています。とくに、ドウェックがほめることも危険であると主張していることに、耳を傾ける必要があります。一般的には、子どもをほめることは、子どもに自信をもたせ、子どもの意欲を引き出すよい方法であると信じられているからです。

ここでは、生徒を対象とした研究を紹介しましょう。

まず生徒全員に問題を解くという課題を与え、終了後、一つのグループの子どもに対しては「あなたはかしこいのね」と知能をほめ、もう一つのグループの子どもに対しては「がんばったのね」と努力をほめます。

この時点で両グループの子どもの成績はまったく違いがありませんでした。ところが、ほめるという行為をおこなった直後から、両者の間に違いが生じはじめました。まず、次にとりくむ問題を選ぶ際、かしこさをほめられた生徒たちは、自分が正答できて、かしこく見えることを保つような課題、「結果を目標とする（performance goal）」課題をやりたがりました。他方、努力をほめられたグループの九〇％以上の生徒が、「学びを目標とする（learning goal）」課題を選びました。彼らは、正答できることよりも、実りあるチャレンジを好んだのです。このことは、失敗が生じる前でさえ、生徒がどのようなほめられ方を受けるかによって、大きな影響を受けることを意味しているとドウェックは指摘しています。かしこさをほめられた生徒の大部分は、正答できるという結果や自分がかしこく見え続けることを重視し、もはやチャレンジや学びに関心をもたなくなってしまったのです。

次に難しい問題が出されると、かしこさをほめられた生徒は、問題を解くことを楽しくないと答え、自分は頭がよくないと思うようになりました。他方、努力をほめられた生徒は、難問を解くのを楽しいと感じて、粘り強く課題にとりくみました。

そして最後の問題を解く課題をおこない、その成績を調べたところ、かしこさをほめられた生徒たちの成績はグループのなかで一番悪かったのです。最初の問題から最終問題に進むにつれ彼らの成績は低下し続けました。かしこさをほめられた生徒は、自分が解けるやさしい問題ばかりにとりくんだだけでなく、失敗に直面して傷つき自信を失ったために、それまでできた問題も解けなくなってしまったのです。他方、努力をほめられた生徒たちの成績は最もよく、最初の問題から最終問題の成績において、著しい進歩を遂げたのです。努力をほめられた生徒は、失敗に動揺することなく、困難をチャレンジととらえ、むしろ楽しんで難しい問題にとりくみ続け、その努力の結果として成績も向上したのです。

これまでのドウェックの研究を振り返ってみましょう。「無力感」を示す幼児は、失敗や間違いを「悪いこと」ととらえて恐れます。「頭のよいこと」「かしこいこと」が重要になる学校の生徒にとって、失敗や間違いは自分が「かしこくない」「愚か」であることを示すものであると恐れて、回避しようとするのです。ドウェックは、子どもたちによい成績や成功で自分を評価することを教えることは、失敗や間違いでも自分自身を評価するようにしてしまうことにほかならないと指摘しています。

たとえほめるという行為であっても、成績やできる・できないという結果で子どもを見ることが、いかに子どもの学びの意欲を阻害する危険なものであるのかをドゥエックは衝撃的な研究結果をもとに明らかにしているのです。

■子どもの学びの意欲と構えを育むことは保育・幼児教育の中心的な課題

マーガレット・カーは、ドゥエックのこうした研究に着目して、子どもの学びの意欲と構えを育むことを保育・幼児教育の中心的な課題として提起しました。自分のかしこさや成績や「できる・できない」という結果にこだわるのではなく、「学ぶことを愛し、チャレンジを求め、努力に価値をおき、そして障害に直面しても粘り強くとりくむ」「達成志向（mastery-Oriented）」を子どもたちに育んでいきたいと考えたのです。しかも、乳児期には学びへの意欲をもっていた子どもたちが四、五歳になると自分の結果を評価することを求めるか、学ぶことに意欲をもち、課題にチャレンジしていこうとするかという違いが生じてくるのです。カーは、この点をふまえて、子どもたちのなかに学びへの意欲、ドゥエックが「達成志向」と呼んだもの、学びの構えを積極的に育むことを保育・幼児教育の中心的な課題として提起したのです。

学ぶ力と可能性への信頼を基礎に子どもを見る

■子どもの見方の転換

子どもは大人が自分をどう見るかを非常に敏感に感じ取り、そうした大人の子どもの見方に大きな影響を受けることは、ドウェックの研究からも明白でしょう。このことは、あらためて私たち大人の子どもの見方、とらえ方の見直しを求めているといえます。

そして、カーは、子どもの「欠点（deficit）」に焦点を当てた見方から、子どもへの「信頼（credit）を基礎」とした子どもの見方、つまり子ども自身の学ぶ力と可能性への信頼を基礎として子どもを見ることへと転換することを提起しています。

幼稚園の教師であったマーガレット・カーは、ニュージーランドの保育・幼児教育における当時のアセスメント（評価）について、次のように述べています。

私が幼稚園の教師として働き始めたとき、就学間近の子どもたちが、就学に必要なスキルと私が考えるものを獲得しているか否かを見るためにチェックすることが、アセスメントであると信じていた。チェックリストには、かんたんな字を書くこと（自分の名前を書くこと）、基本的生活習慣の自立、初歩的な算数（数を唱えること）、順番を守ること、ハサミで切ることが載っていた。だから、私はチェックリストをつけながら、就学に向けたレディネスの一覧のなかに子どもの欠点を探しだし、入学前の数カ月はその欠点に関して何かしらのことをするために、直接的な教授法を用いていた。そうした過程は、私にとって興味あることでも有益なこととも思わなかったが、子どもの家族や地元の学校に対する有能な幼児教育の教師としての私の評判に結びつくことと考えていたことは確かであった。[11]

このように、当時のアセスメントの子どもの見方は、子どもの「欠点」、足りないところに焦点を当てたものでした。発達しつつある子どもを不完全な存在、つまりピースの欠けたジグソーパズルのような存在としてとらえる見方では、子どもの「できない」ことが教育上の最も大きな関心となります。それに対して、信頼を基礎とした新しい子どもの見方では、子どもがどのような関心をもち、やろうとするかという積極的な側面が教育上の関心の中心となるのです。[12]

■子どもの育ち・学びを肯定的に見る

「信頼を基礎にして」子どもを見ることは、大人が「欠点」や「できない」といった否定的な見方をするのではなく、子どもの育ち・学びを「肯定的に」見ることです。

こうした見方は、日本の保育のなかでも提起されています。近藤直子さんは、「多動で困る」「排泄《はいせつ》が自立していない」など、「できなさ」をあげて「できるようにさせること」を目標として位置づける子ども観が広がっていることに危機感を表明しています。そして、それに対して、多動な子どもの落ち着きのなさを「エネルギッシュで働き者」、自閉症児の「こだわり」を「好きなこと」というように、「困った姿」やマイナスに見える特性を子どもの持ち味として活かして、子どものこころのストーリーを発展性のあるものにしていくことが大切であるということを多くの実践をもとに明らかにしています。事例（概要）を紹介しましょう。

事例〈時刻表への関心から電車ごっこへ〉

時刻表に関心があって、なかなかクラスに入れないけんちゃん。時刻表を隠してしまおうかと園長先生も迷っていたが、せっかく時刻表や鉄道が好きなけんちゃんなので、その知識が生きるようにと「電車ごっこ」にとりくんだ。すると、けんちゃんだけでなく、クラスの子どもも喜んで参加し、けんちゃんもクラスの活動に参加する機会が増えてきた。[13]

この事例に即して考えると、「信頼」にもとづく子どもの見方は、子どもの「長所」を見つけて伸ばすという単純なことではないことが明白です。「クラスに入れない」「時刻表へのこだわり」という大人側の「困った」「できない」というとらえ方を、好きなことや自分を認めてほしいという子どもの視点から肯定的にとらえ直すことなのです。そして、周囲の人々からこのように認められるなかで、子ども自身が「いまの自分をかけがえのないものとして実感しながら世界を広げて」いけるように保障していくものなのです。

■子どもの学びの力と成長の可能性を信頼する

さらに、「信頼を基礎にして子どもを見る」ことには、子どものなかに秘められている学びへの意欲を見出し、学びと成長の可能性を「信頼」するという意味が込められていると考えます。「できる・できない」という結果、成績やＩＱの得点にこだわる人には、その結果がその人の現在の能力だけでなく将来の能力を予測するという固定的な能力観が横たわっているとドウェックは指摘しています。ドウェックの研究に即して考えてみたいと思います。

ドウェックは、失敗に対して「無力感」を示す子どもと「達成志向」を示す子どもの根底には、「かしこさ」・知能や特性を「変わらないもの」と固定的にとらえるか、あるいは学びや努力によって「変えうるもの」ととらえるかという違いがあると指摘しています。[14]

最初に紹介した幼児に対するジグソーパズルの研究の際に、「一生懸命に努力したら、どのパズルもできると思う?」「時間があったら、どのパズルも完成させることができると思う?」という質問をしています。すると、「無力感」を示す子どもの大半は、もっと時間があり、努力をしてもパズルを完成させることはできないという悲観的な答えが多く見られました。他方、「粘り強さ」を示す子どもの大半は、時間や努力があればパズルを完成させることができると確信していたのです。

また、次にあげた別の研究では、「無力感」を示す子どもたちは、「悪い」という特性を固定的で継続するものととらえる傾向が見られました。

「あなたのクラスに新しく入ってきた子どもが、あなたのクレヨンを取ったり、ジュースをこぼしたり、あなたをいじめたりします。この子はこれからもずっとこのように行動すると思う?」という質問に、「無力感」を示す子どもの半数は、その子はこれからもずっと同じように行動すると答えました。「達成志向」を示す子どもの多くは、「この子は新しい子なんだし、おまけにその子がこれからもずっとそうだって、どうしてわかるの?」と答えたのです。このように、失敗に傷つきやすい子どもは、「人の性質は失敗で測られ、人の性質は常に変わらない」という信念をもっていますが、「達成志向」を示す子どもは、人の特性は「変わりうる」のだから、いま現在のその人の行動でこれからを決めてしまうことはできないと考えるのです。
さらに、生徒を対象とした研究では、人間の知能や能力は固定的で変わらないと信じる人と人間の能力は努力によって伸びると信じる人によって、一回のテスト結果の受け取り方が異なることを明らかにしています。

小学五年生に閉じた段ボール箱を見せて、「このなかには学校での能力を測るテストが入っている」とだけいい、生徒たちがそのことを理解したかを確かめたうえで、次の質問をします。「このテストは、あなたがどのくらい頭がよいかを測るものだと思いますか?」「このテストは、成長してからあなたがどのくらい頭がよいかを予測するものだと思いますか?」。

人間の能力は固定的で変わらないと信じている生徒は、そのテストが重要な能力を測るものであるばかりか、現在どのくらい頭がよいか、さらには将来どのくらい頭がよいかもわかると信じていていました。それに対して、人間の能力は変わると信じる生徒は、そのテストが重要な能力を測るものであることを受けとめつつも、現在、どのくらい頭がよいかを測定するものだとは思っておらず、将来どのくらい頭がよいかを予測するものだともまったく考えていませんでした。事実、「わかりっこないよ！　テストでそんなことできないよ」といった子もいたのです。(15)

一度の失敗や一回のテストで、自分の現在と将来の能力がわかってしまう、自分の価値が決まってしまうと思うからこそ、いつも完璧にできることが重要であり、失敗をするわけにはいかなくなるのだとドウェックは述べています。

アメリカと同じように競争的で評価の眼差しの強い日本で、大人も子どもも、「できる・できない」やIQ、「かしこさ」、成績に強くこだわる理由が理解できた気がします。そして、第1章で取り上げたような、何かができなかったなどちょっとしたことでパニックを起こしてしまう子どもの姿や、がんばり続けて疲れ果ててしまった若者の姿が、ドウェックの指摘と重なりました。私たち大人の、あるいは社会全体の「かしこさ」や「できる・できない」にこだわる見方や評価の眼差《まなざ》しが問われているといえましょう。

私たちは、子どもの見方と学習観をとらえ直し、子どものなかの学びへの意欲と学び・成長の可能性を「信頼」するという見方へと転換すること、そしてそのことを通じて子ども自身のなかにも学びのもつ意味と自らの成長可能性への信頼を育んでいくことが大切なのだと思います。

豊かな学びとは

■「学び」を知識やスキルの習得に限定しない

乳幼児期の「学び」というときに多くの人が思い浮かべるのは、知的な教育、とくに幼稚園や早期教育や幼児教室でおこなわれているワークブックを使って数を数える、かんたんな字を書く練習をすることや知能テストのようなドリルの問題を解くことなのではないでしょうか。だからこそ、多くの保育関係者は、「学び」ということに批判的で、警戒心を抱くのでしょう。このように、知的教育＝文字・数の教育、ワークによる文字・数の学習ととらえる傾向がそれを推進する側にも批判する側にも見受けられます。

しかし、ニュージーランドにおける「学びの物語」の理論と実践に触れたことで、私たちのこうした「学び」のとらえ方は狭く、貧しいものであり、今日の時代の課題に応えられるものとなっていないという思いを強く抱くようになりました。「乳幼児期の学び」についての私たちのとらえ方を見直し、組み替えていく必要があると思うのです。

ここでは、ニュージーランドの「学びの物語」の理論と実践を中心に、乳幼児期の学びをどのようにとらえるのかを考えていきたいと思います。

第一に、子どもの「学び」は知的な教育だけに限定したものではなく、「ホリスティック（全体的・包括的）な発達の性質」をふまえなければならないということです。

前に紹介したOECDの報告書の文章の「子どもは毎日の生活のなかで学んでいる（learn）のだから、『ケアと教育』を切り離すことができない[16]」と述べている箇所でも、ドウェックが乳児が歩くことや、しゃべることを習得していく（learning to walk and talk）際の旺盛な学習意欲（an intense drive to learn）について述べている箇所でも「学び（learning）」や「学ぶ（learn）」という言葉が用いられています[17]。このように、欧米では「学び（learning）」は、知的な学習に限らず、子どもは主体的に学び成長していくという意味で用いられています。また、子どもの学びは「教育」の場や場面だけに限定されるものでもありません。

ニュージーランドの乳幼児カリキュラム「テ・ファリキ」は、保育の原理の一つとして「ホリスティック（全体的・包括的）な発達の性質」を掲げています。

「人間発達の認知的、社会的、文化的、身体的、情緒的（emotional）、精神的（spiritual）な特性は、不可分に絡み合っている。乳幼児期のカリキュラムは、個々ばらばらのスキルの獲得を強調するよりも、経験と意味が結びつけられた複雑なパターンを織り合わせる学びのモデルを採用する。子どもの文脈全体、物理的環境、情緒的文脈、他者との関係、そしていかなるときにも生じる子どもの差しせまったニーズは、特定の経験が子どもの発達にどのように寄与するかということに影響を与え、変化を生じさせるであろう。学びをこのように統合されたものとしてとらえる見方は、子どもを学ぶことを欲する人間と見なし、（子どもがとりくむ）課題を意味に満ちたひとまとまりのものと見なし、そのひとまとまりを個々の課題や経験の総和よりも大きな意味をもつものと見なすものである」[18]。

「テ・ファリキ」のこの文章からは、①人間の発達は、認知的な面だけでなく、社会的、文化的、身体的、情緒的（emotional）、精神的（spiritual）な特性が不可分に絡み合っていること、②子どもが学び発達する道筋は分割することのできないものであるから、保育カリキュラムは、個々のスキルをバラバラに子どもに獲得させるのではなく、経験と意味が結びつけられた複雑なパターンを織り合わせる学びのモデルを採用しなければならないこと、③子どもを学びの主体としてとらえ、子どもの学びを子どもにとって意味のあるひとまとまりのものとしてとらえる必要があることが述べられています。したがって、子どもの学びは、「ホリスティック（全体的・包括的《ほうかつてき》）な発達の性質」をふまえて、知的な側面だけを切り離して、バラバラに子どもに獲得させるのではなく、生活のなかでの子どもの学びを視野に入れ、それらを統合的にとらえる必要があるというのです。

■子どもにとって意味をもつ「学び」とは

何のために学ぶのかがわからない、おもしろくない、すぐに忘れる、応用がきかないなど、今日の子どもにとっての学びや「学力」には多くの問題が指摘されています。こうした問題を生み出す要因の一つとして、子どもが学ぶ知識やスキルは子どもの生活から切り離され、「よい成績を取るため」、「よい学校に入るため」であったり、将来、役立つものであるため、子どもが学ぶ意味や目的を実感できないことがあるのではないでしょうか。

カーは、「スキルや知識の問題が非常に重要なものだったとしても、もしクラスや保育の場における教育のあり方が、それらの知識やスキルを学び手の動機を高める環境のなかに組み込むこともなく、それらの知識やスキルに社会的で文化的な意味を吹き込むこともしなければ、そのスキルや知識は実にはかないものとなるでしょう(19)」と述べています。カーが指摘する「知識やスキルがはかないもの」であるという意味は、知識やスキルが子どもにとって子どもの生活から切り離され、子どもが学ぶ意味や目的を実感できない、あるいは学びを通じて豊かな社会的、文化的意味を理解することができないということであり、いまの日本の子どもたちの問題にも通じるのではないでしょうか。

では、どうしたら子どもの学びを、子どもにとって意味をもち、喜びをもたらすものとすることができるでしょうか?　子どもにとって生きて働く力となることができるのでしょうか？　カーは、一方で、バーバラ・ロゴフの社会文化的アプローチ、状況的学習論などの研究の蓄積をふまえて、子どもの学びを「社会的文化的活動への参加」としてとらえること、他方、ドウェックの学習意欲論を下敷きとして、学び手の意欲を高めることを提起しています。学び手の意欲を重視するという点は、これまでドウェックの学習意欲論をもとに述べてきたことで明白でしょう。では、「知識やスキルに社会的で文化的な意味を吹き込む」、あるいは「状況に埋め込まれた学びの方略」とは何を意味しているのでしょうか。

　レイブとウェンガーの『状況に埋め込まれた学習』の訳者である佐伯《さえき》胖《ゆたか》さんは、あとがきのなかで、学びを実践共同体への「参加」ととらえる状況的学習理論の意義にふれつつ、次のように述べています。

「学習とは人びとと共同で、社会で、コトをはじめ、何かを作り出すという実践の中で『やっていること』なのだから、学習だけを社会的実践の文脈から切り離して、独自の目標とすべき対象活動ではない。従って、『勉強』をする」ことの「内発的動機づけ」は次のように理解されるべきであると述べています。

「内発的に動機づく」ということは「『勉強』だけをしたがる『お勉強マニア』以外には」ありえないわけで、状況的学習理論を踏まえれば、そこには「追求していくべき『世界』の広がりの実感とそれへの参加意識が芽生えているはずだ」[20]。

　学びを閉じられた個人内部の営みととらえるならば、たとえ知識やスキルに「動機」を結びつけることができたとしても、それは「お勉強マニア」以外にはありえない。学びが「社会的文化的活動への参加」として位置づけられるとき、知識やスキルは子どもの能動的な活動と結びつき、その手応えや意味、佐伯さんのいう「『世界』の広がり」や参加意識の芽生えなどと一体となったものとして獲得されていくということでしょう。

そして、子どもの学びを「社会的文化的活動への参加」としてとらえるということは、子どもを教育の対象とするのではなく、子どもを学びの共同体の「参加者」として、学びの主体として位置づけることでもあるのです。

いままで強調してきたように、学びは知的な学びに限定されるものではありませんが、同時にそれを排除するものでもありません。子どもたちは文字や数、シンボルなどに囲まれて生活しているのですから、これらのことに関心をもつのは当然でしょう。したがって、ここでの学びには、知的な学びも当然ふくまれています。カーは、著書のなかで、読書好きの子どもの能力を友だちとの活動に活かすという実践の事例を紹介しています。

事例

ヒューゴー（四歳）は読書が大好きで、高い読書能力をもっている子どもである。

幼稚園入園時には、園にある絵本をたやすく読むことができ、四歳を超えたころには、家でハリー・ポッター（J・K・ローリング著）を読んでいた。教師は、ヒューゴーの読む能力を他の子どもたちのグループのなかで役立てるために宝物探しという活動を考案してとりくむ。教師がヒントを書いた紙を隠しておき、子どもたちがその紙を探し出して、ヒントから次の紙の隠し場所を探していくゲームである。ヒューゴーは、ヒントを読みあげ、その答えを考えていく。たとえば、「水のなかにすむ動物のそば」というヒントであれば、ヒューゴーは自分が知っている水のなかにすむ動物を次々に声に出してあげていく。他の二人はカエルの水槽に走って行き、ヒントの書かれた紙を見つけて、ヒューゴーに「ここに来て、次のヒントを読んで」と叫ぶ(21)。

ヒューゴーは、このゲームだけでなく、他の子どもたちに本を読んであげる、歌を歌う、お話を聞き自分の意見をいう、読んだ本に触発されて砂で建物を作るなど、読むことをふくむ多様な活動を展開していきます。

ヒューゴーの読むという活動における学びは、ヒントを読み問題を解くという方略、他の子どもとのかかわり、役割や参加の意識などが一体となり、文脈や子どもにとっての意味と結びついていることがわかります。こうした多様な要素がからみ合ったものとして子どもの学びをとらえること、学び手を「活動のなかで学ぶ存在（learner-in-action）」としてとらえ、「学びのプロセスを周囲の人々や場所、物との相互交流（transaction）として見る考え方」が、保育のなかで子どもの学びを支え、より豊かなものにしていくことを可能にするのです。

したがって、「テ・ファリキ」のなかに書かれているように、学びは、周囲の文脈から切り離された知識やスキルの習得ではなく、「学びは周りの人々、場所と物との応答的で相互的な関係を通して達成される」ものであり、保育者は「子どもの学びに気づき、認め、応える[22]」ことが重要なのです。

子どもの学びを育む保育実践

■子どもの学びをとらえる五つの視点

カーは、子どもの学びをとらえる際、「学びの構え（learning disposition）」の五つの視点を提起しています。次のカーの指摘が示すように、この五つの視点は、子どもに育みたい学びの性質という保育者の願いが込められた観察の視点です。「観察は、子どもたちが有能で自信に満ちた学び手、コミュニケーションの担い手となるための中核となる五つの行動に焦点がおかれます。私たちはこれらの行動が子どもの性質となることを望んでいるので、こうした行動に注目し、それらに価値を与え、多様な方法で援助することによって、それらを励まし、その成長を援助するのです[23]」。

この指摘にあるように、保育者が、これらの行動に焦点を当てて観察し、価値づけ、援助することを通じて、子ども自身が有能で自信に満ちた学び手、コミュニケーションの担い手として育っていくことをめざしているのです。五つの「学びの構え」は、カリキュラム「テ・ファリキ」の五つの領域（所属、幸福、探求、コミュニケーション、貢献）と関連し、保育者が子どもの学びをとらえる視点を具体的に提供するものとなっています。「テ・ファリキ」の領域と学びの構えは、「所属」→「関心をもつ」、「幸福」→「熱中する」、「探求」→「困難や不確かなことにとりくむ」、「コミュニケーション」→「他者とコミュニケーションをおこなう」、「貢献」→「責任を担う」ととらえられています。五つの構えとその手がかりとなる子どもの行動は、以下のとおりです。

●関心をもつ（taking an interest）
　＝やりたそうにしている、何かに興味をもっている
●熱中する（being involved）
　＝一定の間、子どもが何かに熱中している
●困難や不確かなことにとりくむ（persisting with difficulty or uncertainty）
　＝難しいと思いながらも挑戦している
●他者とコミュニケーションをおこなう（communicating with others）

＝言葉、ジェスチャー、音楽、造形、文字等などを使って、自分の考えや気持ちを表現している

●責任を担う（taking responsibility）

＝公正さを守ろうと他の人などに応答している、自分を振り返る、他の人を助けている、保育に役立とうとしている

私たちは、とかく子どもを「やらない」、「できない」、「やろうとしない」、「やる力がない」と否定的に見てしまいがちです。保育研究者の大宮勇雄《おおみやいさお》さんは、カーの子どもへの「信頼を基礎にした」「学びの構え」について、子どもの学びを「『できない』と見るのではなく、『参加しようとしている』と見る」ことが大切であると指摘しています。具体的には、「やらない」のではなく、「関心はある（が参加の行動にはいたっていない）」、「やろうとしない」のではなく、「参加しようとする意欲はある（が適切な参加の機会を見て取ることや適切な方法を使うことができていない）」、「やる力がない」のではなく、「参加の行動に出ている（のだけれど必要な能力が身についていない）」と見ることが大切であるというのです。(24)

保育者が「学びの構え」を視点として、子どもの姿や活動をとらえ、子どもにフィードバックしていくことで、子どもが自分はダメな人間ではないと丸ごとの自分を受けいれてもらえる、やってみたいという意欲や興味を広げ、その活動や行為の

意味を周囲から認められ、学び手として自分の存在を価値あるものと思えるようになっていくのです。

子どもの学びは、その場の文脈のなかで生じるものですが、その後、さまざまなかたちで変化・発展していきます。こうした子どもの学びの変化は、次の四つの視点から追跡されていきます。

①子どもの学びの物語がより頻繁《ひんぱん》に現れるようになる。

②関心、能力、方略、構え、物語がより複雑になる。

③関心、能力、方略、構え、物語が保育（プログラム）のさまざまな活動や領域で現れる。

④活動が学びの物語の枠組みの一連の流れに沿って、関心→熱中→（困難に）粘り強くとりくむ→コミュニケーション→責任を担うことへと進んでいく。[25]

その時々の子どもの学びをとらえるだけでなく、子どもの学びを継続的に観察し、頻度の増大、複雑さの増大、さまざまな活動や領域への広がり、さらに関心→熱中→（困難に）粘り強くとりくむ→コミュニケーション→責任を担うことへと学びの構えの発展というように、多様な視点と方向性において重層的・発展的にとらえようとしていることもおさえておきたい点です。

「学びの構え」の五つの視点について、さらに詳しく見ていきましょう。

①「関心をもつこと」と「熱中すること」

「関心をもつこと」と「熱中すること」は、密接に結びついており、ともに子どもを「課題に引き込むもの」です。カーは、大人が課題をコントロールするような場では、幼児が主体性を発揮する姿は見られないのであり、子どもの関心を大人がとらえることができるかどうかが非常に大切であると指摘しています。大人が課題を与えたり、管理するのではなく、あくまでも子ども自身の関心、主体性が大切なのです。ロバートの事例の概要を紹介します。

事例〈フィンガー・ペインティング〉

ロバート（二歳）は、フィンガー・ペインティングを見ていることは好きで、関心をもっているように見えるが、なかなか活動に参加しようとはしない。そこで、保育センターの職員たちは、①ロバートが汚れることを嫌がっているようなのでエプロンを提供する、②職員がフィンガー・ペインティングの絵の具を準備するとき、ロバートに一緒に絵の具を作ろうと誘うという二つの方法を考えた。彼はエプロンは拒絶したが、大人と一緒に絵の具を作り、色を選ぶ活動に参加することに決めた。その後、フィンガー・ペインティングに熱中するようになり、他のさまざまな「汚れる」あそびや砂場あそびにも、長い時間熱中してあそぶようになった。[26]

保育者は、ロバートが汚れることは嫌だけれど、フィンガー・ペインティングはおもしろそうだという彼の関心を読み取り、参加の機会をつくり出そうと工夫しています。私たちは子どもが何か活動していないと「何もやっていない」と見てしまいがちですが、この事例のように実際にやっていなくてもやりたそうに見ていることから子どもの関心を読み取ったり、子どもとの会話や子ども同士の会話から子どもの関心を見つけ出すことが子どもの活動への参加や熱中の契機となるのです。そして、むりやり子どもを活動に引き込むのではなく、子どもの選択、決定を尊重しながら、子どもが活動に自分で参加する機会をつくり出しているのです。

筆者は、ニュージーランドの保育・幼児教育施設を訪問し、多くの「学びの物語」を見せてもらいましたが、個々の子どもの関心を軸に多様な活動が展開されていることにいつも感嘆しました。たとえば、ある子どもは魚が大好きで、魚への関心を軸に、魚の絵を絵の具で描く、チョークで地面に描く、砂場に池を作って友だちと魚釣りあそびを楽しむ、図鑑を見ながら魚の絵を描いて自分の「魚の本」を作成するなど、多様な活動を展開しています。また、掃除機に関心をもつ子どもは、掃除機の絵を描く、粘土で掃除機を作る、教師と掃除機でプラスチックの皿を何枚吸えるか実験する、掃除機店に行ってたくさんの種類の掃除機を見て、掃除機の電気がどこからやってくるかを観察し、店員にたずねるなど多様な方法を用いて配電盤までたどり着くのです。(27)

もう一つ重要なことは、カーが、関心と熱中が個人内部で生じるのではなく、環境のなかにある関心を引きつけるという特徴によって引き起こされるととらえていることです。それは、①文化的なモノ（artefacts）（事物、言語、文化的な物語や神話が提供する話の筋）、②活動（さまざまな目的でモノ（artefacts）を利用する方法、すなわち日常の仕事と実践）、③社会的なコミュニティです。友だちへの関心、テレビのヒーローや大人への憧れなど、子どもをとりまく人々への関心です。

たとえば、アセスメント実践事例集のなかの次の事例は、社会的なコミュニティへの関心の一つと見ることができるでしょう。

事例〈ジェイムズは友情を追い求める〉

ジェイムズ（九カ月三週間）は、リー（三歳半）がパズルをやっているコーナーに這《は》って来る。リーがパズルをやっているようすを見て、自分でもパズルを選び、ピースを一つ取って入れようと何度も試みる。ついにピースが入った。

リーがパズルを終え、ソファのところに行って横になると、ジェイムズも、ソファに這っていき、リーの側に立つ。リーが、反応を示さないので、ジェイムズは本のところに這っていき、本を見る。

リーがその後、粘土のコーナーに移動するとジェイムズは彼女を追い、そこでリ

ーと一緒に一〇分間くらいあそんだ。(28)

ジェイムズがリーに強い関心を示し、リーの後を追いかけ、リーと同じことをしたい、リーと一緒にあそびたいと思っていることがわかります。保育者は、ジェイムズのリーへの関心を見て取り、他の子どもたちと一緒にあそぶのを励ましたり、ジェイムズが音楽、とくにドラムや小さなシェーカーを楽しんでいることを他の子どもたちとのあそびの機会につなげていこうと次の計画を立てています。

カーは、人が文化的なモノ（事物、道具と話のような）を使って活動に従事するとき、その活動が社会的コミュニティによって価値づけられ支持されるときに、関心への深い熱中が生じると述べています。ロバートのフィンガー・ペインティングの事例で明らかなように、保育者や家族をはじめとする周囲の人々が、子どもの関心を認め、その豊かな発展を援助することが大きな役割を果たすのです。

②「困難や不確かなことにとりくむ」

「困難や不確かなことにとりくむ」ことは、先に紹介したドウェックの学習意欲論が下敷きになっています。ここで、大切なことは、カーが子どもは活動に熱中すると自ら困難を「招き寄せる」と指摘していることです。カーによる二つの観察事例の概要を紹介しましょう。

ジェイソン観察事例1〈マーブル・ペインティング〉

マーブル・ペインティングは、箱の底に紙を敷き、絵の具のついたビー玉を転がして模様を描く活動である。ジェイソン（五歳に近い四歳）はマーブル・ペインティングをしようとマーブル・ペインティングの箱を探したが、見つけることができなかった。ジェイソンは「ぼくがなんとかして別の箱を手に入れるよ！」といった。彼はシリアルの空き箱を使って、マーブル・ペインティングの箱を作ろうとするが、側面だけでなく、折り返しの垂《た》れぶたも切り落としてしまい、周囲の囲いの一片が切り落とされた箱ができあがった。彼は……紙を敷き、絵の具のついたビー玉をスプーンですくいあげ、それを転がすが、囲いの一片がないためにビー玉はテーブルの上にころがり落ちてしまう。彼は箱を傾ける代わりに、スプーンでビー玉をあちこち動かした。それから彼はもう一度箱を傾け、ビー玉を手でつかんだ。彼は問題を観察者に説明した。「そこ（箱のもう一方の側面）がないとダメなんだ」。そして、彼はビー玉が転がっていっても戻ってくるように、紙を曲げて、四つめの側面を作った。

ジェイソン観察事例2〈マーブル・ペインティング〉

数分後、ネルがやってきて、ジェイソンのようにマーブル・ペインティングの箱を作ろうとする。彼女はシリアルの箱を見つけてジェイソンにいう。「あなたは、どうやって箱を切ればいいか知っているでしょ？　私はわからないの」。ジェイソンは、ネルのもっている箱のあちこちの部分を指さしながら答える。「じゃあ、いいかい。まずこれを引っ張り出す。上部を切る必要があるよ。その端のところは切っちゃダメ[29]」。

メグ観察事例〈帽子作り〉

メグ（四歳）は二つの紙切れをつなげて一本の長い紙にするためにホチキスで留《と》めている。自分の頭の大きさを測ろうとしている。メグは自分の帽子を作ったが、ちょっと大きすぎたので、後ろにひだをつけてホッチキスで留める。まだ大きすぎる。自分の作業の合間に、型紙を一枚の紙にのりづけするリンダを手伝う。

次にメグはＡ４サイズの三枚の青い紙を半分の長さ（Ａ５サイズ）に切り、その三枚をホチキスでつないで細長い一片にし、頭の回りに試しに巻いてみる。長さが足りない（注：リンダは青い紙の使い方をまね、細長く横方向に切り、紙の首飾りをつくる。ピーターもリンダの輪飾りをまねて、手錠を作る）。さらに二枚のＡ５サイズの紙をホチキスで留めて、セロテープとホチキスでいままでに作った紙片と一緒につなげる。彼女はもう一度、かぶってみる。今度はずり落ちてしまうが、彼女は、ホチキスで正しい位置に固定することができない。彼女はカーディガンを脱いで、ロッカーにしまう。戻ってきてもう一度試してから、長い紙片とホチキスをもって立ち去る

（たぶん大人に頼むために）。留められた紙片をもって戻る。

その後、メグは、何度かの中断を経て、青いセロファンや他のセロファン、青いふたを帽子につけ、真ん中に線を引き、後ろの部分を絵の具で塗って、サンバイザーのついた複雑な帽子を作り上げた。(30)

カーは、二つの事例ともに、通常はそれほど難しい課題ではない活動を子どもが自ら難しい課題に変えたと指摘しています。マーブル・ペインティングは、絵の具のついたビー玉を箱に入れて動かして模様を作るという、通常はかんたんな課題ですが、ジェイソンは箱が見つけられなかったときに、助けを求めたり、あきらめて他の活動をするのではなく、自分の手で新しい箱を作ることという難しい課題にチャレンジしたのです。円筒状の帽子を作ることも、頭の大きさに合わせることを除けば容易な活動です。だから多くの子どもたちは、赤ちゃんの帽子、猫の帽子など、いまいない人のための帽子を作ることで、こうした困難を避けようとします。しかし、メグもまた、自分の頭に合う、しかもサンバイザーがついた複雑な形の帽子を作るという難しい課題を自ら設定し、チャレンジしたのです。

ジェイソンもメグも何度も試行錯誤をくりかえしています。ジェイソンは、箱の一片を切り落とすという自分が犯した「間違い」によって引き起こされた問題を解決するために数多くの方略――スプーンでビー玉を転がし、自分の手でビー玉をつかみ、四つめの側面を形作るために画用紙を曲げるという―を試しています。ジェイソンが後に、ネルに作り方を教えるとき、ジェイソンは誤りが学びの一部であることとみなしているようであったとカーは指摘しています。

このように活動に熱中する子どもは、困難を自ら「招き寄せ」、失敗や困難に直面しても解決をめざして粘り強くとりくむのです。その際、大人が困難な課題を与えて子どもにがんばらせるのではなく、子どもの関心を軸とした活動を保障していくことが大切なのです。そして、困難な課題にとりくむことに対する子ども自身の見方を育てることも大切であるとカーは指摘しています。関心をもち、熱中する活動のなかで「失敗することが問題解決につながるという経験」を積み重ね、子どもが「自分は困難や不確かさに立ち向かう人間」であるという自分の見方を子どものなかに育んでいくのです。

③「他者とコミュニケーションをおこなう」と「責任を担う」

「他者とコミュニケーションをおこなう」と「責任を担う」という二つの視点は密接に関連し、どちらも社会的コミュニティと深くかかわっています。「他者とコミュニケーションをおこなう」ことは、子どもたちが自分の見解や感情を表現することであり、「責任を担う」ことは、他者の視点・立場に立つことであるとされます。そして、これらの大部分は、社会的コミュニティのレベルで生じています。

ここで紹介するロージーの事例では、ロージーはごっこ遊びのさまざまな筋書きの物語のアイディアをもっており、友だちとの間で交渉したり脚色したり、他の子どもたちの参加を方向づけたり、取り決めをおこなっています。彼女のそうした方略には、出来事の順番を指示すること、他に取り得る方法を提案すること、理由を説明すること、物語の筋を取り決めること、説得しようとして他の人の関心を認めること、話し合いによる解決に向けてねばり強く努力すること、自分の絵について話し合うときに自分の着想を大人に伝えること、話をすることがふくまれているとカーは指摘しています。ロージーの一連の事例のなかから、いくつかの事例の概要を紹介しましょう。

ロージー観察事例1〈出来事の順序を指示し、代案を提案し、理由を説明する〉

ロージーとアンナは、室内で、棒とリボンを「釣り糸」、ジグソーパズルのピースを「えさ」にして、「魚釣り」をしてあそんでいる。アンナの「家に行くところ」という設定案に対して、ロージーは「川のそばの家」とくりかえし主張する。そこへ、ダンがやって来て釣り糸を踏みつけたので、アンナが大声を出す。ロージーはダンに「もしあなたが私の友だちなら、私の家に来て（私の）猫のカトーと遊んでもいいわよ」という。「猫はボクを引っ掻《か》くかもしれないよ」というダンの言葉に、ロージーは「そういうことがあるとしても、あなたが意地悪しようとするときだけよ」という。

ロージー観察事例2〈説得しようと試みて他の関心を認める〉

ロージーが「フック船長とピーターパン」ごっこをしてあそんでいると、ルイーズがやって来る。ルイーズの大好きな役柄は人魚である。ロージーはルイーズに、「その（ピーターパンの話の）なかに人魚がいるのよ」、「ええ、いるわよ。だって私はビデオをもっていてそのなかで人魚を見たもの」といって、ピーターパンのお話に加わるよう説得を試みる。ルイーズが「私は見なかった」という。ルイーズは確信していないが、そばの囲いのなかで人魚になっている。ロージーは一つの場所から別の場所へとかかわるがわる移動しながら自分の物語とルイーズの物語の両方の役割を引き受ける。

ロージー観察事例3〈話し合いによる解決に向けて粘り強く努力する〉

子どもたちは外で三輪車に乗っているが、ロージーには三輪車がない。ロージーが「三輪車を使える？」とエイミーに聞くが、「まだ」と断られる。ロージーはエイミーの後をついて回るが、エイミーは、両手の指を全部立てて示し、「終わるまでこれくらいたくさんの時間がかかるわよ」という。ロージーは「あなたが終わったら、すぐに三輪車を使わせてくれる？　お願い」といい、エイミーは「うん」と返事をする。話がまとまってロージーは「いいわ、じゃあね」という。しかし、数分後、ロージーは涙声で大人に「彼女はこれくらいたくさんの時間っていうの」と、自分の両手の指を全部立てて訴える。エイミーは、「でも私はまだ降りないわよ」という。大人は、ちょっと大きすぎる三輪車にロージーが乗るのを手伝う。さらに数分後、エイミーが背の高いジーナに「あなたが大きい三輪車を使ったほうがいいわ」といい、ジーナが一番大きい三輪車に乗り、エイミーはジーナの三輪車、ロージーがエイミーの三輪車に乗る。彼らは、大人がコンクリートの上に描いたチョークの線をたどって三輪車を乗り回す。(31)

カーは、「自分の考えを伝え、他の人の意見を聞くというロージーの学びの構えは、保育センターにおける『応答的で相互的な環境』が影響しているといえる」と指摘し、保育・幼児教育施設における「応答的で相互的な環境」の重要性を強調しています。

次に、「責任を担う」とはどのようなことなのかをもう少し掘り下げて考えてみたいと思います。「責任を担う」という言葉の理解が日本と大きく異なるからです。日本では「責任」という語は、「立場上当然負わなければならない任務や義務」「自分のした事の結果について責めを負うこと。特に失敗や損失による責めを負うこと」(大辞林)と通常用いられ、理解されています。こうしたわが国の文脈で「責任を担う」を理解すると、当番などの与えられた役割をしっかり果たすことや園やクラスの決まりを守ることなどが考えられます。

しかし大庭健《おおばたけし》さん（倫理学、分析哲学）は、著書『「責任」ってなに?』のなかで、「責任」という言葉には、非難・問責、あるいは「役割遂行義務」としての「責任」だけではなく、人間のあり方としての「責任」という次元があると指摘しています。「印欧語では、『責任（リスポンシビリティ）』という語は、『応答（リスポンス）』の能力・可能性（アビリティ）』に由来」するのであり、「責任（リスポンシビリティ）」とは、第一次的には、互いに応答（リスポンス）が可能だという間柄の特質」であり、「特定の諸個人の属性や態度ではない(32)」。

「学びの構え」の「責任を担う」も、大庭さんの指摘する「周囲に『応答する』こと」、カーの表現でいえば、「他者の視点・立場に立つこと」を意味しているといえましょう。

カーが紹介している保育センターの職員によって書かれたブルースの「学びの物語」をもとに考えていきましょう。ブルースは、友だちを叩くなど、攻撃的な行動が目立ち、友だちとかかわることの少なかった子どもです。概要を紹介します。

〈ブルース　学びの物語1〉

ルイーズとブルースは小山の上にマットレスを広げ、話し合いをしている。ブルースがルイーズに「ぼくがお父ちゃんになるよ」というと、ルイーズは「ダメ、ジーニーがお父ちゃん」と答える。ブルースは、ジーニーに近寄り、じっと彼女の顔を見つめた。

ジーニー「わたしがお父ちゃんよ」、ブルース「二人のお父ちゃんがいてもいいよ」、ジーニー「だめよ」というやりとりの後、ブルースは「ぼくは友だちになるね」という。

この提案は、ジーニーとルイーズに受け入れられたようで、彼らは「イヤ」といわず、しばらくの間、仲良く一緒に遊んだ。

〈ブルース　学びの物語2〉

ブルースは、エイミーが彼をひっかいたと思っている（たぶん事実である）。彼は、嫌だと彼女に伝え、彼女を追いかけ、ミリー（教師）にぼくはエイミーをぶっていないと説明する。ミリーともう一人の教師は、ブルースの言葉を肯定的に受けとめた。

この二つの学びの物語に見られるように、以前はたいてい相手を押したり叩いたりして自分の考えを表現していたブルースが、「二人の一番がいてもいい」「ぼくは仲間になる」など、限定的な場面ではありますが、他の子どもとかかわろうとしたり、他者に受け入れられるやり方やコミュニケーションをするように変化してきています。

〈ブルース　学びの物語3〉

今朝、ブルースは宣言した。「ぼくはいい海賊だ」「そしてみんなを助けるんだ」

〈ブルース　学びの物語4〉

ブルースが積み木コーナーにいる。彼は野生動物の周りに囲いを作る。とても熱中している。

〈ブルース　学びの物語5〉

お家ごっこのコーナーで、ブルースは虎になりはじめる。私（教師）は、自分も虎だよと提案して、彼に自分たち全員を囲うような大きな囲いを作るように勧める（私は彼が今朝、野生動物の周りに囲いを作ったことを知っていた）。他の子どもたちはお家の台所で「朝食を作る」あそびをしており、ブルースのことを気にしていない。彼は私たち全員の周りに囲いを作る。(33)

職員会議で、ブルースの観察された物語と彼の行動は、彼が強い人間でありたい、認められたいという関心を反映しているように見えるという発言が出されました。ブルースの「強い人間になりたい」という思いや積み木で動物の周囲に囲いを作るという朝の活動が最後の〈学びの物語5〉に結びついていきます。カーは、「大人たちは、彼がこれらの物語を作り上げ、おだやかに交渉し、他の人の安全に対して責任を担うように援助している」とコメントしています。他の子どもたちはブルースのしていることを理解していないのですから、あそびのなかでもブルースが「みんなの安全を守る」という「責任を担う」行動をおこなったとはいえません。それでもブルースが、「強い虎」として「みんなの安全を守る」という物語を作り上げ、保育者と一緒に楽しんだことを評価しているのです。その後、保育者は、この物語を記録し、同僚やブルース、家族にくりかえし話したと記されています。「学びの物語」を通じて、ブルースは、物語を作った楽しさを振り返り、「みんなの安全を守った」自分を誇らしく思うでしょう。このことは、ブルースの次の成長につながっていくことでしょう。

このように、五つの学びの構えが提示されることで、子どもの学びをとらえる視点が明確になり、その子どもの学びの物語が見えてくるようになります。そして、その子どもに即した次の保育の方向や手だてが保育者に見えてくるのです。

カーは著書のなかで、保育者たちが「学びの構え」の五つの視点の具体的な手がかりとなる行動を自分の園の理念や保育と照らし合わせて、それぞれが個性的に多様な実践を展開していることを明らかにしています。したがって、「学びの構え」の五つの視点は、それぞれの園・保育者に合わせて理解され、具体化されるものであることを最後に強調しておきたいと思います。

就学前教育と学校教育との新たな結びつき

いま、日本では学力問題への関心とともに、幼小の接続への関心も高まっていますす。ニュージーランドでは、幼小の接続はどのように考えられ、実施されているのでしょうか。カリキュラム「テ・ファリキ」では、就学前の保育・教育の特質について、次のように述べています。

「これは、誕生から就学までの子どもたちのために特にデザインされた乳幼児カリキュラムであり、学校における学びとのつながりを提供するものである。乳幼児期の学びの環境は、学校部門におけるものとは異なっている。この学びの環境、年齢の制約、そして乳幼児期の特質は、このカリキュラムのなかで練り上げられている(34)」。

「テ・ファリキ」が、学校での学びとのつながりをおさえつつ、乳幼児期の特質をふまえた学びの環境をつくり上げようとしていることがわかります。しかし前に述べたように、ニュージーランドでも外部からの説明責任の要求や学校からの圧力が強まっていました。こうした圧力によって保育がゆがめられることを危惧《きぐ》したカーは、私たちには子どもの育ちを守る責務があるとして、保育者と協同して、新しいアセスメント「学びの物語」をつくり上げたのです。現在でも保育・幼児教育へのこうした圧力がなくなったわけではありませんが、幼小の接続という点では大きな前進が見られました。二〇〇七年、ニュージーランド・カリキュラム（初等・中等学校のカリキュラム）が生涯学習を視野に入れ、「テ・ファリキ」の理念・実践との継続性を明らかにする方向で改訂されたのです。改訂された学校カリキュラムでは、OECDのキー・コンピテンシーの概念を手がかりとして、「思考する」「言語、シンボルとテクストを使用する」「自己管理する」「他者とかかわる」「参加し貢献する」という五つのキー・コンピテンシーが掲げられています。そして、「ニュージーランド・カリキュラム」のなかには、「キー・コンピテンシーズ：部門―縦断配列」（図9）が掲載されています。この図は、「自信をもち、つながりをもち、積極的に物事に打ち込む生涯の学び手」という目標に向けて、どのような力をそれぞれの教育段階で子ども・生徒のなかに育んでいくのかを示したものです。そして、保育・幼児教育段階における「テ・ファリキ」の五つの構成要素と学校教育段階「ニュージーランド・カリキュラム」と「高等教育」におけるキー・コンピテンシ

［図９］キー・コンピテンシーズ：部門―縦断配列

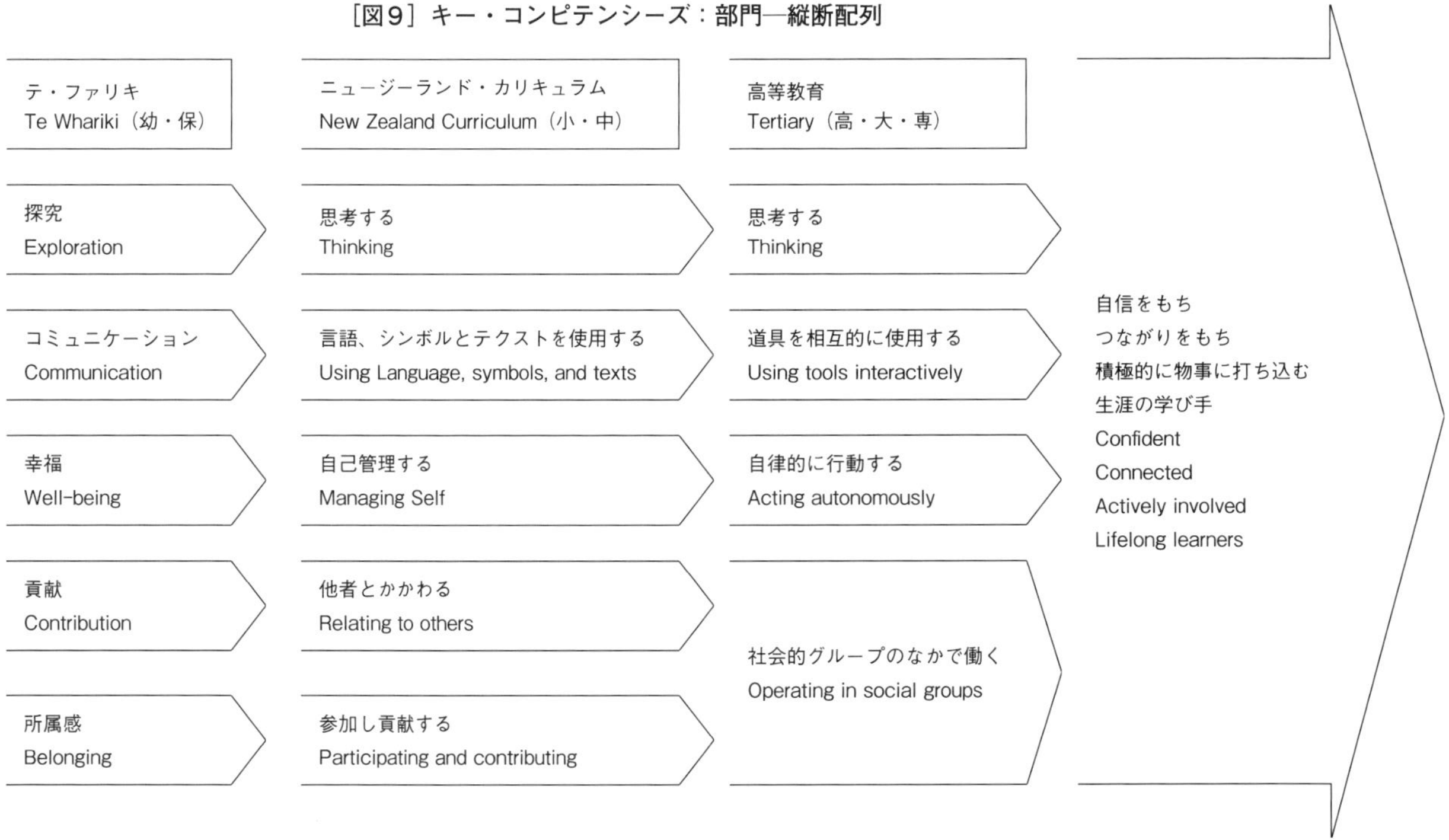

この図は、高等教育のキー・コンピテンシーズが「テ・ファリキ」と「ニュージーランド・カリキュラム」のそれらとどのように関連しているかを示している

資料出所：Ministry of Education, The New Zealand Curriculum, 2007
※なお、乳幼児カリキュラム「テ・ファリキ」とニュージーランド・カリキュラム、高等教育の関連を示した［図１］キー・コンピテンシーズ：部門―縦断配列は、ニュージーランド教育省 Ministry of Education の許可を得たものです。無断転載はお断りします。

ーの関連と継続性が示されています。「テ・ファリキ」の各構成要素と学校教育のカリキュラム「ニュージーランド・カリキュラム」のキー・コンピテンシーズでは、「探究」は「思考する」こと、「コミュニケーション」は「言語、シンボルとテクストを使用する」こと、「幸福」は「自己管理する」こと、「貢献」は「他者とかかわる」こと、「所属感」は「参加し貢献する」ことと関連づけられています。

「テ・ファリキ」と「学びの物語」の実践の蓄積が社会全体に認められ、カーも幼小の共同研究プロジェクト、二〇〇五年、「テ・ファリキとニュージーランド・カリキュラムとのつながり[35]」に参加しています。日本や他の多くの国々で、学校からの圧力や外部の要求によって、保育・幼児教育のカリキュラムが変えられることがしばしば見受けられます。今回、保育・幼児教育の特性やそこでの学びをふまえて、カリキュラム「テ・ファリキ」と学校カリキュラムの継続性が明確にされたことは、画期的な出来事といえましょう。

こうした動向とあいまって、二〇〇九年、教育省は学びのためのアセスメントの実践事例集に「意味をつくり出すシンボル・システムとテクノロジー」というタイトルの新たなシリーズを刊行しました。「序論」「口述、視覚と書かれたリテラシー」「数学」「芸術」「情報伝達技術（ＩＣＴ）」の五冊からなるこのシリーズは、これまでのアセスメント実践の蓄積をふまえつつ、「意味をつくり出すシンボル・システムとテクノロジー」に焦点を当てて刊行されたものです。「意味をつくり出すシンボル・システムとテクノロジー」は、小中学校の「ニュージーランド・カリキュラム」のキー・コンピテンシー「言語、シンボルとテクストを使用する」とつながりをもつものです。ただしこのシリーズは、リテラシーや数学などの課題を子どもに課して学ばせようと提起するものではありません。「アセスメント実践に焦点を当てる」、「『テ・ファリキ』に焦点を当てる」、「意味をつくり出すシンボル・システムとテクノロジーに焦点を当てる」という三つのレンズを使って子どもの学びをアセスメントすることを提起しているのです。つまり、学校教育に向けて教えるべきことが提起されたというのではなく、「意味をつくり出すシンボル・システムとテクノロジーに焦点を当てる」という視点からも、子どもの学びをとらえ直して考察してみようという提起なのです。

　このシリーズでは、「テ・ファリキ」や「学びの物語」の考え方を踏襲《とうしゅう》して、子どもが文化のシンボル・システムやテクノロジーの参加者となるための実践のレパートリーとして、以下の四つをあげています。

①子どもが活動に入る前に、観察し耳を傾ける
②道具、文化的なモノを始めとするシンボル・システムやテクノロジーとあそぶ
③目的のためにシンボル・システムやテクノロジーを用いる
④批判的に質問をしたり、変える＝この二つは、子どもたちを価値ある見解を有し、（学びの環境を）変えることのできる存在として位置づけるエンパワーメント

の行動である

興味深いのは、ジェイムズ・グリーノの指摘を引いて、「台所あるいはワークショップとしての環境」を提起している点です。「台所は、特定の問題を解決するために発展した、入念に構成された小さな環境」であり、台所に入った人は、コックが料理を作るのを見て、後で何かを料理しようとしたり、道具を試してみようとするるのです。「数学」の巻に掲載されている事例の概要を紹介しましょう。(36)

事例〈予算を準備することと数であそぶこと〉

今朝、子どもたちのグループと私は、カタログに目を通していた（私たちは補助金に応募するところだった）。子どもたちは屋外にほしいと思う備品を選んでいた。彼らは、選ぶことを非常に楽しみ、自分たちの選択したものを絵に描いて、補助金申し込み先に送るために記録した。私は子どもたちが選んだものの費用を計算するために、電卓を取りに行った。もどってきたとき、ルートは黒板にせっせと書きものをしていた。

「妹、ママ、パパ、私の名前ルートとおばあちゃん、て書いたの」。彼女は書いた文字を指しながら私にいった。私は子どもたちのグループと作業を続け、備品の合計金額を出した。私が電話を受けるために呼び出され、戻ったときに電卓がどこにもなかった。私は紙やカタログの下を探し、子どもたちにも私が探すのを手伝ってと頼んだ。――省略――

そのとき、私はルートを見た。……彼女は周囲にはまったく気づいていないようであった。彼女は忙しかった。彼女は電卓のキーを押し、電卓の画面に数字が出てくるのを見て、数字を声に出して読み、黒板にそれを記録していた。ルートは数字を電卓の画面に現れるのと同じ形に書いた。彼女は黒板に数字を書き終えると、私のペンを取って彼女が黒板に書いたことを紙に書き写した。ルートは自分が書いたものを非常に誇りに思い、数字を書くことに長い時間を費やした。(37)

この「学びの物語」について、事例集では二つのことを指摘しています。一つは、保育センターの備品の補助金に応募するという重要な活動に子どもたちが参加していることです。保育センターの活動が外の広い世界につながっており、こうした活動のなかで数学を用いることで、子どもたちは数学がもつ意味と目的を学ぶのです。二つめは、ルートが示した文字や数を書くこと、そして電卓を使うことへの関心です。ルートは、「周りにはまったく気づかない」くらい文字や数を書くことに熱中し、数や文字を記録することができることを理解していています。ルートは少し離れたところにいて、直接教師たちの活動には参加していませんが、その活動に関心を向けて見ていたことが、電卓を使うことへの関心やその目的の理解につながっているのです。

「学びの物語」によるアセスメント（評価）

■テストやチェックリストではなく語りによって日々の子どもの学びをとらえる

これまで、子どもの学びのとらえ方に視点を当てて、「学びの物語」を紹介してきました。先に述べたように「学びの物語」は、保育実践の評価の一つであるアセスメントとして開発されたものなのです。「関心をもつ」「熱中する」「困難や不確かなことにとりくむ」「他者とコミュニケーションをおこなう」「責任を担う」という五つの視点から子どもの学びをとらえ、保育の改善につなげようとするものなのです。ここではアセスメントという側面から「学びの物語」を取り上げていきたいと思います。

保育にかかわる評価としては、アセスメント（assessment）とエバリュエーション（evaluation）があります。イギリスでは、エバリュエーションは保育・教育プログラムの内容を価値判断する営み、アセスメントは子どもたちの達成度を評価する営みとして区別されています。[38] ニュージーランドもイギリスにならってアセスメント（assessment）とエバリュエーション（evaluation）を区別しています。

『テ・ファリキ』用語解説によれば、アセスメントは「子どもの達成とコンピテンスを記述した情報を得て解釈するプロセス。アセスメントの目的は、子どもたちの学びの機会を改善するために役立つ情報を提供すること」、エバリュエーションは「アセスメント情報やその他のデータを用いて、（保育を）変える決定をするために保育プログラムの質と有効性を調査検討するプロセス」と定義されています[39]。

保育という営みは、子どもの学び・育ちがどうであるかということ抜きには検証できません。したがって、子どもの学び・育ちのアセスメントは、その中核に位置づけられるものなのです。

カーが、しばしば引用するドラモンドのアセスメントの定義は、次のとおりです。アセスメントは、「毎日の実践のなかで、子どもたちの学びを観察し、それを理解しようと努力し、私たちの（学びの）理解を活用する」やり方です[40]。

ニュージーランドの保育・幼児教育におけるアセスメントの第一の特徴は、「学びの物語」という語り（narratives）によるアセスメントであり、多様で豊かな子どもの学びを、子どもの学ぶ姿を撮影した写真や絵、作品などと文章を結びつけてとらえようとするものであることです。保育・教育におけるアセスメントは、チェックリストや標準化されたアチーブメントテストによる測定と理解されることが多いのですが、ニュージーランドでは「学びの物語」という語りによるアセスメントを採用しました。子どもの育ちを主体的な達成と考えるならば、「できる」「できない」という外側から子どもの育ちや学びを評価するチェックリストやテストを採用しないことは、当然といえます。また、テストやチェックリストでは、さまざまな活動が保育者と子ども、子ども同士のかかわりのなかで、相互に関連し合いながら展開している保育の場における子どもの学びの豊かさ、複雑さをとらえることができないと考えられたのです。

アセスメントの第二の特徴は、ドラモンドの定義が示すように、日々の実践の過程のなかでおこなわれる「形成的アセスメント」であるということです。「総括的アセスメント」が、単元終了時または学期末などに、テストや試験によって子どもが何を学習したかを測定するもの（通信簿、わが国の全国学力テストもこれにふくまれるでしょう）であるのに対して、「形成的アセスメント」は「学習ニーズを確認し、授業を適切に合わせていくための、生徒の学力進捗《しんちょく》状況と理解の頻繁《ひんぱん》かつ対話型のアセスメント」であるとされています[41]。

総括的アセスメントでは、単元の後、学期末に実施されるため、子どもの学びの現状やニーズに即して保育にフィードバックし、いまこれからの保育につなげていくことができません。「形成的アセスメント」では、いまの子どもの学びをとらえて保育に活かすことができるのです。

■子どもから出発し、子どもの学びを軸にしたアセスメント実践のプロセス

カーは、アセスメントのプロセスとして、記述（Describing）、話し合い（Discussing）、ドキュメント〈記録〉（Documenting）、決定（Deciding）という「四つのD」を提起しています。子どもが何をどのように学んでいるかを観察・記述し、子どもの学びの解釈を保育者・子ども・親との話し合いのなかで深め、ドキュメントし（文章・写真・作品など多様な方法で記録を残す）、次に何をするかを決定していくのです。

「四つのD」は、途中、省略されたり、同時におこなわれることもありますが、子どもの学びの観察・記述が省略されることはありません。アセスメントは、子どもの姿から出発し、子どもの学びの理解を深めるプロセスなのです。

わが国では、第三者評価や保育所保育指針の自己評価で、ＰＤＣＡサイクル〔計画（Plan）―実践（Do）―評価（Check）―改善（Action）〕がモデルとして推奨されています。ＰＤＣＡサイクルでは、保育計画の実施、目標の遂行という観点から「評価」がなされるのに対して、「学びの物語」は、子どもの学びから出発し、子どもの理解を深め、それにもとづいて保育実践を展開していこうとするものです。子どもを大切にする保育「評価」を考えるのであれば、保育「評価」の中軸に「子どもの学び」が据《す》えられる必要があると考えます。

■保育者・子ども・親とともにつくり出す「学びの物語」が子どもの学びを豊かにする

カーは、「なぜ、評価するのか?」というアセスメントの目的として、次の一〇項目をあげています。①私たちの観察を焦点づけることによって子どもたちの学びをよりよく理解する、②子どもたちの学びについて話し合う、③乳幼児施設において他の人々と情報を共有する、④実践を振り返る、⑤個々人とグループの学びの計画を立てる、⑥すべての子どもたちが注目を受けることを確実にする、⑦乳幼児教育施設で価値づけられた学びを浮かび上がらせる、⑧子どもたちを自己アセスメントに参加させる、⑨家族やファナウ(拡大家族)とプログラムについて話し合う、⑩家族やファナウと経験を共有する。[42]

①、④、⑤、⑥、⑦のように、一人ひとりの子どもの学習をより深く理解し、個人とグループの双方を視野に入れながら実践を振り返り計画を立てるという保育実践上の意義とともに、②、③、⑧、⑨、⑩のように、保育者、他の職員や子ども、家族と話し合い、情報を共有することが掲げられている点が注目されます。アセスメントは、保育者個人や園内部に閉ざされたものではなく、子どもたち、家族を位置づけたものととらえられているのです。

その時々の「学びの物語」の記録は、園の壁に掲示されたり、テーマに沿ってまとめられたファイルに入れられ、子どもや親が見られるようになっています。また、

「プロファイル」「成長の記録」などと呼ばれる一人ひとりの子どものファイルが作成され、クリアファイルのなかに学びの物語の記録や作品が入れられていきます。「学びの物語」は通常、写真がつけられているので、子どもたちは「学びの物語」を見ることが大好きです。「学びの物語」を見て、子どもは、保育者や他の友だち、あるいは家族と自分の学びや活動を振り返ったり、話し合ったりします。その記録を見て、再度、その活動にとりくむなど、子どもの関心や活動の継続、発展につながることもあります。

　このように、「学びの物語」は、子どもにとって重要な意味をもつと考えられ、子どもは「学びの物語」の参加者、つくり手と位置づけられています。作品や写真を自分のファイルに入れたり、子どもが保育者に手伝ってもらって自ら「学びの物語」をつくることもあります。親もまた「学びの物語」の参加者、つくり手と位置づけられています。わが子のファイルを家に持ち帰り、わが子や家族と「学びの物語」を共有することができます。さらに、「親の声」「家庭での物語」等の記録シートが用意され、親がわが子の「学びの物語」のつくり手になることもめずらしくありません。

　大宮勇雄さんは、「保育の質」は「保育をつくり出している人々（保育者、子ども、親、地域）の手で判定され、その改善の方向の手がかりを得るために研究されるべきもの(43)」と指摘しています。保育者、親、子どもが「学びの物語」を媒介《ばいかい》に子どもの学びの理解を深め、さらなる子どもの学びをつくり出していく、こうした相互理解と保育実践の創造が、子どもの学びを豊かにつくり出していくのです。そして、こうしたとりくみこそが、「保育の質」を高めていく協同の保育「評価」の営みといえるのではないでしょうか。

■ニュージーランドにおける「学びの物語」の保育実践

カーと保育者たちはプロジェクトのなかで、「学びの物語」の実践記録用フォーマット（記録シート）を開発しました。フォーマットの一例を紹介しましょう。「学びの物語」の記録シートの左上に子どもの名前、日付と観察者氏名欄が設けられています。その下の表の左側三列には、一番左の列から順に、❶カリキュラム「テ・ファリキ」の五つの領域（所属、幸福、探究、コミュニケーション、貢献）、❷学びの構え、❸「事例または手がかり」が記されています。

その中身は次のとおりです。五つの領域ごとに紹介します。

(1)❶所属、❷関心をもつ、❸話題、活動、役割など、いまここにある何かに関心を見出している。見知っていることを認識し、見知らぬものであそび、変化に対処している。

(2)❶幸福、❷熱中する、❸一定期間注意を持続し、安心でき、他の人を信頼している。他の人やものとあそぶことを楽しんでいる。

(3)❶探究、❷困難にとりくむ、❸(自ら)難しい課題を課し、選んでいる。「難問に遭遇した」ときに、問題を解決するためにいろいろな方策を用いている。

(4)❶コミュニケーション、❷考えや感情を表現する、❸話し言葉、ジェスチャー、音楽、美術、文字を書く、数や図形、お話など、多様な方法で表現している。

(5)❶貢献、❷責任を担う、❸物事が公正であるように他の人やお話、想像上の出来事に応答し、自己評価し、他の人を助け、保育プログラムに貢献している。

❸の「事例または手がかり」の列の右側には、「学びの物語」を記入するためのスペースがもうけられています。

記録シートには「短期の振り返り」と「次は何?」という二つの項目ももうけられています。「短期の振り返り」欄には、「質問:ここでどのような学びがおこなわれたと思ったか?(学びの物語の要点)」を、「次は何?」欄には、「質問:この関心、できること、方策、構え、物語が、さらに複雑になり、保育プログラムの他の領域や活動に表われていくようにどのように励まし、どのように学びの物語の枠組みの次の『段階』を促すか?」を記入するようになっています。「短期の振り返り」欄と「次は何?」欄は、必要に応じて記入します。

記録の一例を紹介しましょう。

ある実践の「学びの物語」記入欄には次のような内容が書かれています。

ペットのコーギー犬が大好きなヘイミミッシュが保育者に裁縫で犬を作りたいと頼むのですが、その日の保育はもう終わりの時間なので、保育者は次の日にやろうと約束しました。しかし、次の日も二人ともすっかり忘れていて、ヘイミミッシュが思い出したときは保育終了寸前。そこで、ヘイミミッシュが日誌に書いておくことを提案し、二人は事務室に行き、保育者が「ヘイミッシュのコーギー犬―いの一番に」と日誌に書きました。二人が事務室から出て保育室に行く途中、ヘイミッシュが保育者のほうを向いて、両手を腰においていうのです。「ボクが明日、あなたに最初にいおうと思っていることがわかる？？？」「いいえ」と保育者がいうと、「日誌を見て！」と彼はいった。「私たちは二人とも一緒に大笑いをした!!」というものです。(44)

そして、「短期の振り返り」欄には、コーギー犬を作りたいというヘイミッシュの関心は、彼がすごく愛しているペットから生まれており、ヘイミッシュが裁縫をやることを強く望んでいること、ヘイミッシュにはすばらしいユーモアのセンスがあること、さらにヘイミッシュはリテラシーの意味を、リテラシーがいかに強力で有効であるかを知っている―つまり、覚えておくために物事を書き留め、それを読むことで確実に物事を実行することができる―というヘイミッシュの学びを保育者が分析、整理した内容が記されていました。この記録には「次は何？」欄は記入されていませんでした。

この記録を読むと、子どもの学びの実際だけでなく、保育者がどのように子どもの学びをとらえたかということが明確にわかります。それだけでなく、保育者自身が楽しんで書いていることが伝わってきて、読む側も楽しくなってきます。ニュージーランドの保育者たちは柔軟性に富み、自分たちの保育の場で、その理念や地域、家族の実態や子どもの姿にもとづいて保育をつくり出す気風に満ちています。ですから、「学びの物語」の実践も現在では、このフォーマットにとらわれず、それぞれの園が工夫を積み重ねたユニークな実践が多様に展開しています。子どもや親にわかりやすいようにと、写真を増やし、専門用語を使わずに文章を簡潔でわかりやすくしたり、思わず読みたくなるようにタイトルや字体を工夫し、イラストを入れたもの、あるいはCDやDVD・ビデオにして、保育室のプロジェクターに映し出したり、メールで各家庭に発信している園もあります。

カーは著書のなかで、「学びの物語」の実践にとりくんだ保育者の声を紹介しています。そのいくつかを紹介します。

「私たちはこれまでよりも、子どもの声をもっとよく聞くようになりました。私たちの人間関係はもっと親密です」

「私はこれまでよりもずっと子どもたちの活動に焦点を当てるようになり、わくわくするようになりました」

「学びの物語は、いい成果をもたらしています。方向と焦点を明確にしたことで、職員の熱意を増大させています」

「教師は子どものことをよりよく理解するようになった。より深い知識が得られた」

「親と一緒に肯定的なドキュメンテーション（記録）ができる[45]」

筆者が訪れたニュージーランドの保育現場でも、保育者が楽しみながら「学びの物語」にとりくむ姿がとても印象的でした。非常に厳しい状況にある保育者が、「学びの物語」をはじめて、笑顔をとり戻したという話も聞きました。「学びの物語」を通じて、子どもの学びや保育について、保育者同士、子どもも、親と語り合い、共に子どもの学びや保育をつくり出しているという手応えを実感しているからでしょう。その根底には、子どもだけでなく保育者も信頼し、肯定的にとらえ、励ます保育「評価」観があるように思います。

■日本における「学びの物語」の保育実践

わが国でも保育者たちが「学びの物語」の記録にとりくみはじめています。大宮勇雄さんは、「学びの物語」を用いて「否定的に見えている子」あるいは「気になるところが目につく子」を対象児として選び出し、約一カ月半に渡って記録を取り、話し合いをした記録の実際と保育者たちの声を紹介しています。

最初は半信半疑でとりくみはじめたものの、予想をはるかに超え、子どもの見方が大きく変わったと保育者たちが報告したというのです。その一つ、幼稚園の年長児こう太君（仮名）についての桜井先生（仮名）の記録の概要を紹介します。

事例　〈やっぱりドライバーのほうができたね〉

こう太君は、友だちとのあそびや園での活動に積極的に参加するような子ではなく、かといって自分から何かあそびをはじめるわけでもなく、「落ち着きのない子」と見えていた子どもだった。しかし、記録では、排水溝の蓋《ふた》をはずそうとしている教師の仕事に関心を向けて見ており、「金槌《かなづち》でたたいても無理だと思う。それはドライバーでやったほうがいいよ」と教師に教えてくれた。しかもドライバーを取りに行こうとする教師に向かって、自分も手伝うつもりで「二本ね」といった。そして、ドライバーを使って蓋を開けようと三〇分以上、試行錯誤を続け、蓋が少し浮くとその隙間《すきま》にドライバーを差し込む位置と角度を変えて、ついに蓋を取ることができた。「やっぱりドライバーのほうができたね」と自分が手伝ったことで、できたことが満足気だった。

桜井先生は、こう太君が酪農を営む家の仕事を手伝うことが多く、機械・工具などに関心をもっていること、なかなか開かない蓋にドライバーを差し込む角度や使い方を考え、根気よく作業を続けたことをおさえて、「こう太君の知識・関心を引き出したい」「こう太のよさを認め自信を持たせたい」というこれからの保育の見通しを書いています。[46]

このようにニュージーランドだけでなく、日本の保育者にとっても「学びの物語」は、子どもの理解を深め、子どもの学びを豊かにする手応えを与え、保育の喜びを広げるものとなっています。

「学びの物語」によって、子どもの学びを見る視点が明確になり、子ども一人ひとりの「学びの物語」が見え、その子どもに即した次の保育の方向や手だてが見えてくるからでしょう。子どもや親が「学びの物語」に夢中になり、子どもの学びに積極的にかかわるようになるという手応えを保育者たちは感じているのです。保育者が子どもの学びの成長を生き生きととらえ、保育の喜び、楽しさを膨らませる「学びの物語」、これこそ、子どもに学ぶ力を育てる保育であり、保育実践を豊かにして「保育の質」を高める保育「評価」ではないかと考えます。

■注

ニュージーランドの保育・幼児教育については、拙著「ニュージーランドにおける保育『テ・ファリキ』に基づきすすむ改革」、汐見稔幸・一見真理子・泉千勢編『世界の幼児教育・保育改革と学力』、明石書店、二〇〇八年を参照してください。

（1）OECD, Starting Strong Early Childhood Education and Care, 2001,p.14.

（2）OECD, ibid.p.42.
（3）鯨岡峻「新指針を読んで改めて保育とは何か、発達とは何かを問い直す」、全国私立保育園連盟編『保育所問題資料平成一九年度版』、二〇〇八年、一〇～一一頁
（4）OECD, ibid.p.43.
（5）Guy Claxton, Teaching to Learn, 1990,p.164, London.Casell.（Margaret Carr, Assessment in Early Childhood Settings, Sage, 2001, p.9. より引用）なお、マーガレット・カーの本書からの引用は、大宮勇雄・松井玲子両氏との研究会で訳出・検討されたものに一部修正を加えて使わせていただいています。
（6）Ministry of Education, Te Whariki, 1996, p.18.
（7）Carol S. Dweck, Self-Theories Thier Role in Motivation, Personality, and Development, 2000, Taylor & Francis, p.95, およびキャロル・S・ドウェック『マインドセット―やればできるの研究』、草思社、二〇〇八年、二八～二九頁
（8）Carol S. Dweck, ibid.p.1.
（9）Carol S. Dweck, ibid. pp.97-106
（10）Carol S. Dweck, ibid. pp.107-115
（11）Margaret Carr, Assessment in Early Childhood Settings, Sage,2001, p.1.
（12）Margaret Car（2001）, ibid.pp.11-12.
（13）近藤直子『続発達の芽をみつめて　かけがえのない「心のストーリー」』、全障研出版部、二〇〇九年、五九～六一頁
（14）Carol S. Dweck, ibid. p.98,p.105.
（15）キャロル・S・ドウェック前掲書、四五～四六頁
（16）OECD, ibid.p.42.

(17) Carol S. Dweck, Mindset The New Psychology Of Success, Ballantine Books, 2006, p.16.
(18) Ministry of Education, Te Whariki, p.41.
(19) Margaret Carr, ibid.p.7.
(20) ジーン・レイヴ、エティエンヌ・ウェンガー『状況に埋め込まれた学習—正統的周辺参加』、佐伯胖訳、産業図書、一九九三年、一八七～一八九頁
(21) Margaret Carr, ibid.pp.161-163.
(22) Ministry of Education, Kei Tua o te Pae Assessment for Learning: Early Childhood Exemplars 1, 2004, p.6.
(23) Margaret Carr, Assessing Children's Learning in early childhood settings, New Zealand Council For Education Research, 1998, p.15.
(24) 大宮勇雄『学びの物語の保育実践』、ひとなる書房、二〇一〇年、四五～四七頁
(25) Margaret Carr (2001), ibid.p.159.
(26) Margaret Carr (2001), ibid.p.46, p.126.
(27) 筆者の観察および Ministry of Education, Kei Tua o te Pae Assessment for Learning: Early Childhood Exemplars Book1, pp.7-8, Book12, pp.21-23.
(28) Ministry of Education, Kei Tua o te Pae Assessment for Learning: Early Childhood Exemplars Book8, p.7. ニュージーランド教育省発行「ケイ・トゥア・オ・テ・パエ　学びのためのアセスメント」実践事例集は、次のサイトからダウンロードできます。(http://www.educate.ece.govt.nz/learning/curriculumAndLearning/Assessmentforlearning/KeiTuaotePae.aspx)
(29) Margaret Carr (2001), ibid.pp.65-66.
(30) Margaret Carr (2001), ibid.pp.68-69. 記録のタイトルは筆者。

(31) Margaret Carr (2001), ibid.pp.78-80.
(32) 大庭健『「責任」ってなに?』、講談社現代新書、二〇〇五年、一三三頁
(33) Margaret Carr (2001), ibid.pp.98-100.
(34) Ministry of Education, Te Whariki, p.9.
(35) Margaret Carr, Sally Peters, Te Whariki and links to the New Zealand Curriculum. Research Projects 2005.
(36) Ministry of Education, Kei Tua o te Pae Assessment for Learning: Early Childhood Exemplars Book16, 2009, pp.8-9.
(37) Ministry of Education, Kei Tua o te Pae Assessment for Learning: Early Childhood Exemplars Book18, 2009, pp.12-13.
(38) 田中耕治『教育評価』、岩波書店、二〇〇八年、七七頁
(39) Ministry of Education, Te Whariki, p.99. Glossary Of Terms As Used In This Curriculum.
(40) Mary Jane Drummond, Assessing Children's Leaning, Second Edition, David Fulton Publishers, 2003, p.13.
(41) OECD教育研究革新センター編『形成的アセスメントと学力―人格形成のための対話型学習をめざして―』、有本昌弘監訳、明石書店、二〇〇八年、一七頁及び田中耕治『教育評価』、一一四頁
(42) Margaret Carr (1998), ibid. pp.22-23.
(43) 大宮勇雄『保育の質を高める』、ひとなる書房、二〇〇六年、一五〇頁
(44) Margaret Carr (2001), ibid.p.149, p.150.
(45) Margaret Carr (2001), ibid.p.178.

(46) 大宮勇雄(二〇一〇)前掲書、68〜70頁

＊本稿は、日本学術振興会科学研究費補助金の交付を受けた研究「ニュージーランドにおける保育評価とアセスメントに関する研究」(平成一八〜一九年度基盤研究(C))及び「ニュージーランドにおける保育の自己評価(Self Review)とアセスメントに関する研究」(平成二一〜二三年度基盤研究(C))の成果の一部をふまえたものです。

おわりに

文字・数や知的な教育をふくむ乳幼児の「学び」のとらえ方そのものを転換し、新しい「学び」観にもとづく保育実践を創り出すことを提起したいと考え、本書を執筆しました。そして、「頭のよさ」や「かしこさ」、「できる・できない」で子どもを評価することを見直そう、成績や結果を求める学習観を問い直そう、という提起をしました。成績や結果、「できる・できない」という評価的な眼差《まなざ》しはむしろ子どもの学びの意欲を妨げると考えるからです。「頭のよい子に育てる」ことに特化した教育や文字・数などの知的教育として乳幼児期の「学び」を提起し、推奨しているわけでもありません。こうした文字・数などの知的教育を他の活動から切り離しておこなうことも、子どもの豊かな学びにつながらないと考えているからです。子どもの「学び」を育むことは、大人が子どもに正解を教えたり、練習させたりするものではなく、子どもの関心に視点を当て、ともに世界を発見し、広げていくことであり、学ぶことの意味や楽しさを実感することだということが、読者のみなさまに伝わりましたら幸いです。

本書のほとんどは、新たに書き下ろしたものです。第1章と第4章は、「子どもってかしこい！　乳幼児期の知的教育とは？」（『ちいさいなかま』二〇〇八年四月号）の連載「保育アッ！とランダム」、二〇〇八年、二〇〇九年の全国保育合同研究集会基礎講座「かしこさってなんだろう」の講演内容が下敷きになっています。第2章は今回、新たに書き下ろしました。また、第4章で取り上げたニュージーランドの「学びの物語」については、筆者がこれまでおこなってきたニュージーランドの保育評価制度とアセスメント、自己評価に関する研究を下敷きに、学び論の観点から大幅に加筆しています。掲載論文は次のとおりです。

- 「子どもの育ちを大切にする保育『評価』を求めて—保育所保育指針とニュージーランドのアセスメント『学びの物語』」、『季刊保育問題研究』二三八号、二〇〇九年八月
- 「ニュージーランドにおける保育評価とアセスメントに関する研究—平成一八年度・平成一九年度科学研究費補助金研究成果最終報告書」、二〇〇八年
- 「保育が楽しくなる『評価』とは？—ラーニング・ストーリーによるアセスメントの展開」、『現代と保育』六九号、ひとなる書房、二〇〇七年

本書では、ニュージーランドの「学びの物語」を手がかりとして、乳幼児期の学びを育む保育実践について述べました。ニュージーランドと日本では、保育・教育制度も保育条件も文化も異なります。しかし、いま、多くの国々が、二一世紀に生きる子どもにどのような力を育てていけばよいかを問い直し、乳幼児の学びを育む

保育のあり方を明らかにするという共通の課題に直面していることも事実でしょう。こうした模索のなかで新しい保育観、子ども観、学習観が生み出されつつあります。ニュージーランドの「学びの物語」もその一つであり、私たちに多くの示唆《しさ》を与えてくれると考えています。これらを手がかりとしながら日本のとりくみに学び、乳幼児の「学び」を育む日本の保育の理論と実践を創り出し、明らかにしていかなければならないと考えています。第4章で紹介したように、日本でも「学びの物語」の保育実践のとりくみが広がりつつあります。これらのとりくみをふくめ、乳幼児期の学びに関する保育の理論と実践を検討し、創り出していくことを今後の課題としたいと思います。

本書の執筆にあたって、多くのお力や助言をくださったみなさまに御礼申し上げます。マーガレット・カーの著作の研究会のメンバーである大宮勇雄さん（福島大学）と松井玲子さん（ひとなる書房）からはたくさんのことを学ばせていただきました。ありがとうございました。

二〇一〇年七月

鈴木　佐喜子

著者略歴

鈴木佐喜子

（すずき・さきこ）1951年東京生まれ。現在、東洋大学教授。著書に『時代と向きあう保育（上・下）』『現代の子育て・母子関係と保育』（共にひとなる書房）、共著に『保育の理論と実践講座　第2巻　保育の質と保育内容』（新日本出版社）、『世界の幼児教育・保育改革と学力』（明石書店）、『今の子育てから保育を考える』（草土文化）ほか。

子育てと健康シリーズ㉙

乳幼児の「かしこさ」とは何か

2010年8月2日　第1刷発行

定価はカバーに表示してあります

◉著者——鈴木佐喜子

◉発行者——中川　進

◉発行所——株式会社　大月書店

〒113-0033　東京都文京区本郷2-11-9

電話（代表）03-3813-4651

振替00130-7-16387・FAX03-3813-4656

http://www.otsukishoten.co.jp/

◉印刷——新富印刷

◉製本——中永製本

◉デザイン——渡辺美知子

◉カバーイラスト——オノビン

◉本文イラスト——松田志津子

◉DTP——編集工房一生社

◉編集——松井玉緒

ISBN 978-4-272-40329-5　C0337